13:13

Drei in der Eins

Wachsen & gedeihen, jeder für Sich, um dann in ein Gemeinsames liebevolles Miteinander sich in der 11 zu verbinden

Eins – Das Du wird zum Wir in der Zwei!

Um in ein UNS in der Drei zur wahren Liebe in der Sechs zu kommen!

Kraftvoll im „Einz Sein"

Book cover by:

Clarissa M. Seite

Herrsching am Ammersee
2017

„All-Drei-Sein eines Erdenengels"

10 Buch

Teil 3. Der Trilogie

Winter 2017

"Three in One of an Earthangel"

Clarissa M. Seite

Guten Morgen - Botschaft!

Ergreife deine Chance 🖤

"JETZT"

ist der richtige Zeitpunkt!!

Auf was wartest DU noch ... auf bessere Zeiten - bessere Gelegenheiten ... auf was eigentlich noch ...

"Liebe ist es immer Wert"

Wenn dir Menschen die Liebe entgegenbringen, dann öffne dich diesem wunderbaren Gefühl und fühle bis in dein Herz hinein.

Ja, dass ist es, was DU am wichtigsten brauchst:

LIEBE 🤍

Zeige deine Zuneigung den Menschen, die dafür "offen" sind und begegnet euch voller Vertrauen!

Es gibt hier wirklich nichts zu verlieren; Zugewinn an "Gefühlsreichtum" sei dir jedoch gewiss!!

Wenn DU es nicht tust, dann wird sich ein Verlust auf Dauer einstellen ..

Die Logig siegt und dein Herz wird auf Dauer verkümmern!

Lass diese Co-Abhängigkeiten und Kontrollthemen einfach in Liebe gehen - lass sie ziehen und wegfließen 🤍

"Öffne Dich"

Wenn Liebe die Antwort ist,
wozu noch Fragen stellen♥

"Ich liebe dICH & Ich liebe
mICH"

Deine dich liebende Claire♥

Berg- Starnberg zum Neumond
01.07.2017

Gott ist Ur-Kraft!

Die göttliche universelle Kraft ...

Seelenliebe wird dir zuteil aus
dem Kosmos!

"Fühle es - spüre es - glaube es"
...

Gehe nun in deine Ur-Eigene
Transformation

Gerade jetzt zum
Vollmondbeginn, der morgen am
09.07.2017 in höchster Kraft und
Energie stattfinden wird.

2=Zusammen in Miteinander
6=Liebe - Entscheidung - ein JA
9=Geistige - Spirituelle Kräfte
sind hier göttlich am Werk

26 / 9

Zusammen in der göttlichen Liebe (2 und 6) gehen wir in unsere geistiges - spirituelles Potenzial über - Jetzt!

Nur Mut!

Vertraue auf das Göttliche ... es ist jetzt an der Zeit 🤍

Alles ist beseelt und wird dich auf deinen Weg der Transformation - Berufung - Seelenweg nun begleiten.

Wunder geschehen!

Es ist nun soweit; öffne und empfange!!

Love & Light & Joy

CLAIRE 🤍

*Universelle Kraft im Göttlichen sehen
& spüren – Starnberg 01.07.2017 –
Neumond!*

Ein Ruf - dein Ruf wird erhört ♥

"Kinderseelen wollen behütet und beschützt werden"!

Ob auf Erden - ob im Himmel

Was gibt es hier auch wichtigeres, als sich um das wirkliche Wohl eines Kindes und seiner zarten - liebevollen Seele zu kümmern.

Sie sehen - hören und spüren so viel ... viel mehr als Du dir erahnen kannst.

Auch wenn diese frühzeitig verstorben; aus dem Leben viel zu früh gerissen wurden, ist es doch der Wunsch der Seele nach Er-Lösung einer festgefahrenen Situation - eines Wunsches nach dieser kurzen - tiefen Erfahrung ...

LIEBE!

Liebe & Leid wechseln sich ab und schreien nach Auflösung der Qualen!

Bedingungslose Liebe im hier & jetzt 🤍

Der Moment - diese fließende Essenz wollen wahrgenommen - angenommen und gelebt werden!

JETZT!

Im Sein sein und in Dankbarkeit, auch wenn es eine kurze Phase,- Periode eines Lebensabschnitt war, so ist es

etwas ganz besonderes gewesen
...

Liebe erlöst den Schmerz!

Eine KinderSeele, die dir die
Augen und Herz geöffnet
haben, damit diese Liebe auf
Allen Ebenen nun weiter fließen
kann.

"DANKbarkeit"

Manchmal nur ein kleiner
Trost aufgrund des großen
Verlustes, der sich hier auf
seine gewaltige Art & Kraft
gezeigt hat.

Ohne Wertung dessen, ob und
wie es nun ist.

Alle "KinderSeelen" werden
immer da sein und dich in
deiner Liebe als "Mann - Frau -

Eltern - Geschwister - Großeltern" begleiten und dir neue Wege eröffnen.

Sei dir dessen ganz bewusst.

"Immer da"

Öffne dich dem Himmel und dieser Ebene der Kommunikation 🖤

So viele Möglichkeiten - so viele Welten!

Immer da 🖤

Nie weg 🖤

Love & Light
CLAIRE

Innen wie Außen im Einklang ...

Was für ein Ziel!

Steine umdrehen und ansehen dürfen auf den Lebenspfad an Erfahrungen - Wachstum - lernen - Ent-Wicklung - Ent-Faltung♥

"Erkenne Dich selbst & Alles in Maßen"

bla - bla - leichter gesagt als getan ...

Ja, klar !

"Der Weg ist bekanntlich nun mal das Ziel laut Konfuzius und vielen anderen weltlichen und weisen Gelehrten auf diesen Planeten."

Auch sie sind Irr-Wege gegangen und haben sich beirren lassen.

Das gehört einfach dazu, um sich selbst zu erkennen, um irgendwann auf sich und sein inneres Gefühl bauen zu können.

"Erfahrungen" ...

die Gold wert sind!

Reden ist silber - Schweigen ist Gold

Lausche in dein Inneres hinein und vertraue deinem Herzschlag!

Ein Schritt nach dem anderen.

"Verinnerlichung"

Wachse und gedeihe und dreh einen Stein nach dem anderen um.

Lass dir Zeit in deinem
Energieflusstempo.

Jeder darf an seiner halben Kugel
schleifen, bis beide Teile
geschmeidig zusammen passen ...

Wie lange das dauert oder dauern
darf, hängt von dir und deinem
Gegenüber statt .... aber ganz
ehrlich ...

Flexiblität - Wachstumg - Ausdauer - Geduld - Miteinander wachsen in der Seelenverbindung ....

<u>"Ein Leben lang"</u>

<u>JA!</u>

Gehe in deine Leichtigkeit - in
deinen Humor und in deine

Freude und sei einfach offen für deine ...

"Herzöffnung"

"Ich liebe dICH & Ich liebe mICH "

Clairechen 🤍

Bad Tölz im August 2017

Herzöffnung!

God is with us where ever we go
...

Trust!

Believe!

"Be Powerful & Crateful"

All the power of above is with you with love & light 🩶

Follow your map!

Go out of your ego (let fear go) and follow your soul messages

Listen!

Peace - Happiness and LOVE

Sincerely Claire

YouTube Kanal <u>Clarissa M. Seite</u>

Erstes Buch:

"Wie werde ich ein Erdenengel"

 "How to become an Earthangel"

Zweites Buch:

"Ein Erdenengel und seine Geschichten"

Drittes Buch:

„Botschaften eines Erdenengels"

Viertes Buch:

„Herzensweisheiten eines Erdenengels"

Fünftes Buch:

„Seelenweisheiten eines Erdenengels"

Sechstes Buch:

„Seelenbalsam eines Erdenengels"

Siebtes Buch:

„Himmlische Werke eines Erdenengels"

Achtes Buch:

„All-Ein-Sein eines Erdenengels

Neuntes Buch:

„All-Zwei-Sein eines Erdenengels"

Audioaufnahmen!

YouTube – Kanal - Clarissa M. Seite

„Engel der Meere"

„Wenn der WAL in dein Leben schwimmt"

„Der Wolf als Krafttier"

„Herzensruf"

„Der Drache, der eigentliche Phönix"

„Gefühl im Gefühl"

„ICH bin FREI"

„Das Pferd als Krafttier"

„Selbst-Wert-Sein"

„Fishing for what"

„Time for a change"

„Intuition – Herzensruf"

„Sei dem ich es nun erkannt habe"

„Entscheidungen – Meine geliebte Seele"

Bild von Frank Rolf Josef Pöhlmann
(Buch cover 7. Buch – „Himmlische
Werke eines Erdenengels)

💜**Instagram: @whocares0_0**💜

Vollmond - Botschaft!

Das weibliche Prinzip im
männlichen Sein und das
männliche Prinzip in der
Weiblichkeit ...

Darum geht es ...

Wir Frauen müssen im Job -
Familie, in der Partnerschaft oft
in der Logik handeln, sonst
kommen wir nicht rum und
werden kaum gerade im Beruf
Anerkennung finden!

"Den Mann stehen"

Gerade die Weibliche Seite an
Uns ist eben unsere Stärke, wie:

"Vergebung"
"Intuition"
"Feinfühligkeit"
"Familie zusammenhalten"

Jedoch ist es sehr wichtig auch seine andere Seite - die männliche Seite in Uns zu pflegen **und ruhig den Mut und die Stärke zu leben.**

"Seine Meinung verstreten"
"Sich Äußern"
"Standpunkt klar machen"
"Nein sagen können, ohne Angst auf LiebesVerlust"

und glaubt mir, dem Mann geht es nicht anders.

Immer muss er fast schon täglich seinen Mann stehen, stark sein! Macher sein und die Dinge regeln. Jeder verlässt sich auch auf Ihn, dass die Kohle stimmt! Rechnungen bezahlt werden und die Familie gut versorgt ist.

Auch er sehnt sich immer mehr nach dem weiblichen Aspekt in Ihm! Sich auch mal fallen lassen zu können. Rückzug ohne Vorwürfe, einfach mal "frei" sein von Verpflichtungen!

"Einfach so sein"
"Einfach mal die Flügel hängen lassen können ohne Anerkennungsverlust"
"Einfach mal schwach sein ohne Vorwürfe und Anerkennungsverlust"
"Gefühle aufsteigen lassen können ohne der Gefahr "Schwächling" zu sein.

Auch Er hat Tränen in sich und tiefe Gefühle, die im Alltagsgeschehen unterdrückt werden, um eben diesen "Mann stehen verkörpern zu können".

Gut, stimmt schon, vieles hat sich schon in unserer Zeit an sogenannter typischer Rollenverteilung gelöst, jedoch gilt es nach wie vor und gerade jetzt diese Seiten immer wieder bewusst zu integrieren und in die Verschmelzung ins miteinander in der Frau, im Mann und im Miteinander unter Einander zu integrieren und zu leben!

"Eins Sein mit sich und mit dem Anderen"
" im Miteinander Eins Sein"
"Jeder für Sich und doch gemeinsam"

Auf sich achten und sich in seinen Qualitäten leben und ganz offen im Herzen mit dem Gegenüber kommunizieren und somit eine gelungene "Einheit" bilden!

Probiert es doch aus ... die Zeit ist reif, reifer denn je ♥

Achtet auf eure jeweiligen Qualitäten im Frau und Mann sein und verbindet und löst euch immer wieder von der klassischen Vorstellung wie etwas zu sein hat, sondern findet immer wieder in der Liebe ...

"Respekt"
"Vertrauen"
"Offenheit"
"Geduld"

Nur Mut!

Macht euch auf den Weg, jeder für sich in die Tiefen der Seele zu blicken; ins Dunkle ganz tief in euch zu blicken - erspüren - fühlen - auflösen!

Traut euch!

Öffnet euch nun gemeinsam im Gegenüber und wagt die "Offenheit" in der Ehrlichkeit und Wahrheit in euch und im Miteinander!

"Schafft Vertrauen im Herzensgefühl"

Jeder hat seine Defizite, Stärken und Schwächen, und es geht auch nicht um diese ewige wie toll ich bin – schau mal was ich habe und bin „Vollkommenheit" ...

Es gibt kein Gut oder Schlecht - es gibt kein zuviel oder zuwenig - es gibt kein du musst so sein und dann klappt es mit dem Nachbarn

(Wer kennt die Werbung noch
mit den Spültaps) !!

**Nur wer den Schritt wagt,
so zu sein wie er ist, kann
sein Gegenüber erkennen
und wahr-nehmen!**

**Nur wer den Blick wagt,
sieht sich im Gegenüber
und weiß um die jeweiligen
"Licht & Schattenseiten" in
sich und seinem Partner!**

**Nur wer liebt wagt die
"Vergebung" mit sich und
seiner Liebe, auch wenn es
eine "Trennung" als
Konsequenz bedeutet!**

Aber dann kann gelöst werden,
ohne Vorwürfe, ohne Reue, ohne

MissGunst und ohne
<u>Rachgefühle!!</u>

Nur so, lebt es sich im Einklang
mit seinem männlichen und
seinem weiblichen "Ich bin" und
große Liebe ist mit der Liebe
seines Lebens nun möglich 💜

*Seid offen - ehrlich euch
selbst gegenüber - arbeitet
an Euch mit viel Gefühl &
der Liebe zu euch ...*

**Es lohnt sich immer auf den
Lebenspfad, seinen Weg des
Wachstums mit sich und
seinem Sein weiter voran zu
schreiten.**

**"Ein Schritt nach dem
Anderen"**

Jeder für Sich in seinem Energie-Fluss-Tempo!!

"Ich liebe mich & Ich liebe dich"

Herzöffnung eben ♥

Love - Light - Joy
CLAIRE

Auszug aus dem 10. Buch – 3. Teil der Trilogie / Winter 2017

„All-Drei-Sein eines Erdenengels"

288 Seiten / 13,13 Euro

Nach dem Numero logischen Prinzip

„Einheit in der Vielfalt –
Vielfalt in der Einheit"

Vergangenheit – Gegenwart
– Zukunft

Vater – Sohn – heiliger Geist

Dreifaltigkeit

Drei = Wachstum –
Entwicklung -
Transformation

Alles was zählt ist „Hier & Jetzt" lieben!

Im Hier und Jetzt kannst du Entscheidungen treffen; welche deine Zukunft entscheidet und neu aus richtet ...

Neuausrichtung durch Entscheidungen!

Letzten Endes zählt immer der Moment ...

Liebe leben ...

... denn diese Energie nimmst DU immer erneut mit, egal wie du dich entscheidest!!

#18 im Tarot - Mond -

"In die Tiefen der Seele blicken
Schatten durch Einsicht &
Durch-Blick lösen
Gefühle auf einem neuen
intensiven Level empfinden &
leben"

Neu „Verwurzelung" durch die
Öffnung der Liebe findet statt!!

Alte darf nun abgeschlagen und
entfernt werden 🩶

Euch einen Schönen Voll -
Mond - Sonntag

Ihr lieben Seelen!

Eure Claire

Herrsching am Ammersee 2017

Kisses for you

"Ich liebe dICH & Ich liebe mICH"

Ach, so ein Küsschen auf den Backen hat schon was ....

"einfach - schön"

oder einfach eine Umarmung

- eine leichte Geste und Berührung

- ein liebevolles Lächeln
- ein tiefer Blick
- ein zartes Hallo

"einfach - schön"

und wenn das nicht hilft, dann
wäre doch eine kleine Notiz - ein
Anruf

*"Wie gehts" ... schon lange nicht
mehr gesehen oder gehört ...*

auch ganz nett und sogar für
weitere Schritte effektiv ...

*UND, wie schaut dein nächster
Schritt aus ...*

Schönen Abend deine Clarissa
mit viel Herz

und wenn das nicht hilft, was würdest du unternehmen, wie würdest du dann aktiv werden wollen!?

Schmerz & Verzweiflung

kann sehr tief gehend schmerzhaft
sein und oft ist die Verzweiflung
eine Folge dessen ...

Langandauernd und zermürbend
wirken!

Schlaflose Nächte und Albträume
mit Herzrasen wechseln sich
aufgrund von

Schmerz -
Trennungsschmerz -
Verlust

ab!!

Es kann eine Zeit lang dauern, bis
man wieder zu gleichmäßigen
Atem und Verstand kommt und
sich aus dieser Verletzung

rausholt aber eins ist immer im Nachhinein gewiss!

"Die Erfahrung, auch wenn sie noch so beschissen ist, hilft dir wieder sehr nahe zu dir zu kommen und die Augen und dein Bewusst-Sein fürs Wesentliche "DU" zu öffnen.

"Wunden & Narben sind wie Perlen; Dein Schatz an Erfahrung - Weiterkommen und Ausdehnung deines Bewusst-Sein"

Nichts wird wie vorher sein und manch Verlust im späteren Verlauf als

"auch gut so" - "gut dass es so gekommen ist"

bemerkt und gewertet werden.

Neue Erfahrungen erwarten dich
und können dich neu befruchten
und bereichern, auch wenn es
jetzt noch nicht so schein!

Rückzug!

Gib dir die Zeit für diesen
Retread - für diese wundersame
und heilsame Zeit!!

Es lohnt sich meist aus Erfahrung
und lässt dich wachsen und zu
einem anderen bewussteren
Menschen werden 🖤

Oft sehr WERT-VOLL, auch
wenn es jetzt fast schon eine
unerträgliche schmerzhafte
atemraubende Verzweiflung
darstellt♥

In der Rückschau ein unausweichliches „ JA" zu sich und „Gott sei Dank" ist es so gekommen, denn sonst hätte ich diesen Weg, diese Person, diese wertvolle Erfahrung nie gemacht .

Wachstum mit sich im Innen nach Außen!

Glaube an Dich und an deinen Neubeginn ♥

Love & Light deine Claire

Bild von Frank Josef Pöhlmann / Sohn

Warum denn nicht ...

Warum denn nicht mal mit sich in die Offenbarung gehen ...

Sich selbst in der

"Offenbarung"

wahrnehmen

Mit all seinem Schmerz und all seinen Bedürfnissen♥

Warum denn nicht mal mit sich in die Offenbarung gehen ...

OHNE etwas vom Anderen (Einer) zu erwarten!

Raus aus seiner ständigen Ego-Schleife der Bedürfdigkeit ...

Ich will - warum meldet er sich nicht - Ich warte, dass er sich meldet und endlich aus sich raus kommt und für Klarheit sorgt.

Warum denn nicht mal mit sich in die Offenbarung gehen ...

und mit sich endlich Klar werden!!

Warum denn eigentlich nicht!

"Du bist es WERT Dich selbst zu lieben und das ohne ANGST" ♥

Get ready and get out of the darkness ...
Turn the inside outside!!

Love & Light

Eure Claire - <u>Clarissa M. Seite</u>

Auszug aus meinem 3. Buch der Trilogie
"All-Drei-Sein eines Erdenengels"
292 Seiten / 13,13 Euro
Winter 2017
Bod.de - Amazon - Thalia - bücher.de
und 1000 Buchläden erhältlich!

Der Weg ist das Ziel! – Konfuzius*

"Asche zu Asche - Staub zu Staub"

"Vergebung"

Aus dem tiefsten Herzen

"Befreiung aus alten Schmerz"

**LosLösung; Raus aus Un-
Klarheiten!**

**Bedingungslos geschehen lassen
...**

**"Herzöffnung auf Allen
Ebenen"**

**Das und wer in dein Leben
kommt ist kein Zufall, sondern
Zu-Fall - Schicksal - Kismet.**

"Das Beste für Alle beteiligten"

ICH BIN

Neu-Beginn!

22:22

Ich lebe jetzt mein bestmögliches Leben und lasse geschehen, was der Göttliche Plan für mich in vollkommener Weise für mich bereit hält ...

ICH nehme es an, denn dein Wille geschehe; nicht mein Wille.

"Schöpfen aus den Glauben; Licht & Liebe"

Christusenergie ist Glauben aus der unerschöpflichen Quelle:

LIEBE
Vergebung
Barmherzigkeit

Love und Light & Joy

Herzlichen Abend!

Deine dich liebende Claire

Clarissa M. S.

Isar – Quelle – Pupplinger Au

Für mich bedeutet die „22" oder die Zwei an sich auch das unausweichliche mit sich im Miteinander und im Miteinander in sich zu fühlen - spüren - leben! Zwei: Ich und Du - also ein WIR im Miteinander ....

Im Spiegel sich erkennen ... sich fühlen - spüren - lieben!

22:22

Neubeginn ...

Wieder und wieder in der 2

Wir zwei sind im Miteinander in Liebe Verbunden und stark!

Liebe als höchste Schwingung im Universum!

222 / 6

– Liebe – JA – Entscheidung!

Ich bin mit mir in der Liebe Eins und Verbunden und somit kann ich ein Wir leben.

Zwei !

Innen wie Außen

Ying & Yang

Schwarz & Weiß

Licht & Schatten

Zwei gehören immer zusammen

Vater – Mutter

Und erst dann kommt und kann die

Drei

als

Vater – Mutter & Kind

Erlebt und gelebt werden.

Vergangenheit – Gegenwart –
Zukunft

Kreislauf

Es gibt kein Ende

Es gibt keinen Anfang

Alles ist immer im Fluss

Liegende Acht!

Ein Glückstag voller Botschaften!

Heute am 14.07.2017 ist zwar kein Portaltag jedoch folgt uns heute die "22" und unterstützt die Energien mit folgender Kraft!

14+7+2017=22 /4

Ein wundervoller Tag in der Zusammenarbeit auch wenn dein Gegenüber sich mit all seiner Phase so wie Du darauf einlassen darf!

Viel Energie ist unterwegs und fördert das Zwischenmenschliche, auch wenn es nicht unbedingt gleich - heute erkennbar ist aber im Nachgang an Gedanken - Worten und Taten verstanden wird.

Die Energie der II ist unglaublich angebunden mit all den Antennen und der unerschöpflichen Spiritualität in jedem Einzelnen durch das Wissen, was dir jederzeit im Inneren zur Verfügung steht!

II = Hohe-Priesterin im Tarot

Sie versteht uneingeschränkt die Elemente von "hell & dunkel" und vereint sie mit jedem Schritt aus dem Ur-Wissen im Universum (Tora) und lässt diese an der Fülle durch Entfaltung (Granatapfel) immer wieder teilhaben!

2 - Zwei - in der Numerologie

Miteinander im Gegenüber - im Spiegel sich erkennen dürfen.

Diese Kraft nutzen und idealer Weise konzentriert in der Disziplin und im Dienen voranschreiten.

Gerade auch im Geiste - in der Spiritualität sich mit der Welt - den Menschen - Wesen - Seelen verbinden und somit zum höchstem Wohl Aller dienen.

Sei dir deiner Zwei bewusst und gerade in der

22

kommt es doppelt - unerschöpflich zum Tragen, wenn Du es, also auch dich in deinem Potential erkennst und es zulässt – raus lässt und daran teilhaben lässt.

Heute in der 22/ 4 wirst du die
Basis für mehr Stabilität
erreichen.

Folge heute ganz bewusst deinem
INNEREN.

Was steigt in dir hoch und möchte
endlich mal raus!!

Ausgesprochen werden ...

Was möchte endlich in die Tat
umgesetzt werden!!

Aktiv werden ...

Was darf nun verändert werden,
damit DU und dein Umfeld
glücklich wird.

Klar sich ausdrücken und den
Pfad der Wahl

"rechts oder links"

Offenbare dich für deine
Wahrheit und verbinde dich im
Miteinander auch durch

"Lösungsvorschläge"

Ent-wickle alte Verstrickungen
und hole dir deine Kraft zurück!

Heute ist dein Tag in der
ZweiZwei und die Vier wird dir
die nötige Klugheit - Strategie
durch den Herrscher im Tarot
(IV) liefern.

**<u>Zum Wohle Aller und immer
im Grundgedanken an:</u>**

Das Beste für Alle beteiligten ...

Denn ein wahrer Herrscher verbindet sich mit dem Volk und entscheidet dann ...

"Weise"

Verbindet euch mit Allem im Herzen und lasst es voller Liebe fließen, nicht nur heute, sondern an Allen anderen Tagen auch ...

Heute wird dir die ultimative Weisheit zuteil und deinen WEG für die Zukunft ebnen.

"Öffne dich nun - atme in dich hinein und lass all deine Inspiration an die Oberfläche aufsteigen"

So und jetzt ... frohes Schaffen - ErSchaffen deiner neuen Welt im Miteinander

Love & Light & Joy

Bless you all

Maria Magdalena wird ist heute
sehr aktiv und wird dein inneres
Kind pflegen, dir die nötige
"Geborgenheit & Vertrauen"
schenken!

Klarheit finden durch Rückzug, um dann klar Aktiv werden zu können!

Komme mit Dir in die Klarheit!

Was wünscht du dir und was sind deine wirklichen Bedürfnisse...

"Wie kann ich mich erst mal selbst ver-sorgen"

Raus aus übersteigerter Erwartung!

Oft kann ein Rückzug in sein "inneres Kind" dabei helfen, sich mit seiner Basis; seinen tiefen Gefühlen so zu verbinden.

Schaffe dir den nötigen Raum dazu und fang an dich als erstes wahrzunehmen.

"Was will ich wirklich leben -
Was macht mich wirklich
glücklich"

Wer bin ich - Was möchte ich
sein und was sind meine
wirklichen

"wichtigsten Bedürfnisse"

im Leben.

Was ist mein wahres LEBEN!

Wie und Wo finde ich es und wie
kann ich es umsetzen...

Wovon hängt es ab ...

*"Abhängigkeiten auflösen -
lösen - loslösen"*

"Schritt für Schritt"

Nimm dir die Zeit für Dich!!!

Bild Clarissa M. Seite 2012

Impressum

Personendaten

Vorname Clarissa M.

Nachname Seite

Firmennamen Praxis für Psychotherapie - mediale psychologische Lebensberatung

Geburtstag 19. August 1969

Sternzeichen Löwe

Geschlecht Weiblich

Familienstand Verheiratet

Kontaktdaten

Strasse Winibaldstr. 14

PLZ 82515

Ort Wolfratshausen

Land Deutschland

Webseite http://www.theralupa.de / **www.heil-verzeichnis.de**

Persönliches

Über mich:

Clarissa M. Seite

Praxis für Psychotherapie nach dem HPG

Mediale psychologische Lebens-Beratung

Psychologische Beratung und Kartenlegungen auf Wunsch am Telefon

Erstkontakt: 01525 - 654 99 30

www.theralupa.de

www.heil-verzeichnis.de

BLOG:
CLARISSASEITE.TUMBLR.COM

SUCHT-Beraterin (auf der Suche zum Ich)

& REIKI- Meisterin / Lehrerin

Mädchenname: Zickler

Geboren am: 19.08.1969 / Bad Neustadt a. d. Saale

Schulbildung:

Qualifizierenden Hauptschulabschluss – High - School in Louisiana - Realschulabschluss - Universität Tech in Louisiana / Ein Semester in Mathe - Geschichte und Englisch / Art & Sience

Lehrberufe:

Verkäuferin - Einzelhandelskauffrau - Versicherungsfachfrau - Heilpraktikerin für Psychotherapie - Suchtberaterin - Reikimeisterin / Lehrerin

Aufgewachsen in Speichersdorf bei Bayreuth bis zum 18 Lebensjahr

Nach Heirat in die U.S.A / Louisiana bis zum 21 Lebensjahr

Zurück nach Deutschland / Bayreuth für ein Jahr - München vier Jahre –

Bayreuth 16 Jahre - und schließlich wieder nach München / Wolfratshausen bis zum heutigen Tag.

Mein spiritueller Weg

... hat mit den Engel begonnen, die ich schon seit meiner Kindheit sehr bewundert habe und meine Oma mütterlicher Seite hat immer sehr viel zu den Engel gebetet, dass fand ich für mich sehr prägend.

Die Engel, meine tiefe Freundschaft - Verbundenheit und Liebe!

Die Engelsbilder von meiner Oma und meinem Opa hängen heute nun neben vielen anderen Engeln im Wohnzimmer und meiner Wohnung verteilt.

Als ich mir 1992 mein erstes Kartenset / Tarot von Miki Krefting aus München kaufte ging es mit vielen Stunden - Nächten um die Ohren schlagen und Beratungen für Freunde los in Richtung Spiritueller - Medialer und guter Intuition ans Eingemachte!

Mehr und mehr interessierte ich mich für diese umfangreichen Themen wie den Glauben an Gott den Engeln - Glaubensrichtungen der Welt - Interpretationen des Tarots in verschiedenen Auslegungen und Ausführungen von White Raider zu Crowley, der Nummerologie (Dan Millman) der Traumdeutung (C. Jung) Kastl – Kant – Frankl – Freud und vieles mehr dazu.

Kartensets wie Selbstheilung von Chuck Spezzano - Göttinenzyklus - Engel von Diana Cooper - Doreen Virtue - & und dem tollen Kartenset von Pia Schneider und Ruth Kendell – **Krafttiere** von Jeanne Ruland & Murat Karacay – **Maria Magdalena** von Jeanne Ruland & Marion Hellwig - **Spirituelles Geldbewusstsein** von

Thorsten Weiss und und und runden mein Profil ab.

Kinesiologie und TCM-Medizin - Kräuterkunde - Homöopathie und die universelle Energie; erst durch die drei Reikigrade und dem Lehrer wurden diese intensiv in meinem Leben seit der Geburt meines Sohnes Frank 1997 integriert und schließlich auch privat an mir und meiner Familie - Freundeskreis und interessierten Menschen praktiziert!

2008 kam dann, nach Jahrzehnten an "üben und lernen" im Spirituellen Bereich der Beginn mit der Ausbildung zum Heilpraktikerin zur Psychotherapeutin (Gesprächstherapie nach Rogers - Psychoanalyse nach Freud) und last but least

2009 die Ausbildung zur Suchtberaterin,

2010 die Gründung der Praxis für Privatklienten und psychologische - mediale Lebensberatung am Telefon!

2014 schrieb ich mein erstes Skript "Wie werde ich ein Erdenengel"

2015

Blog: ClarissaSeite.Tumbler.Com

2015 - 2017 Buch & ebook

„Wie werde ich ein Erdenengel

„Ein Erdenengel und seine Geschichten"

„Botschaften eines Erdenengels"

„Herzensweisheiten eines Erdenengels"

„Seelenweisheiten eines Erdenengels"

„Seelenbalsam eines Erdenengels"

„Himmlische Werke eines Erdenengels"

„All-Eins-Sein eines Erdenengels"

„All-Zwei-Sein eines Erdenengels"

Seit 25 Jahren; seit Beginn meines ersten Kartendecks im Tarot kamen viele andere Kartendecks dazu und durch das tägliche ausüben und studieren von Fachliteratur in unterschiedlichen Bereichen hinsichtlich meiner medialen Fähigkeiten wird es immer mehr und das „Tun" immer intensiver und klarer in der Ausübung!

Vereinszugehörigkeit wie:

Dachverband Geistiges Heilen

(DGH)

Verband freier Psychotherapeuten, Heilpraktiker für Psychotherapie und Psychologischer Berater e.V.

(VFP)

Üben – Üben – Üben

Lernen – Lernen – Lernen

Sein – Werden – Sein

Mein Leitmotiv ist:

Lehrer und Schüler zugleich ;-)

Immer und immer wieder ...

auf dem Weg der sog. Meisterschaft (TOD) um wieder und Neu Wiedergeboren zu werden (Phönix aus der Asche)

Anbieter-Impressum

Umsatzsteuer-ID-Nr 82 096 358 479

Handelsregister-Nr. / Steuer-Nr. / ggfls. Geschäftsführer

Praxis - Clarissa Mathilda Seite - Heilpraktikerin für Psychotherapie[HPG] - WOR

Steuernummer – Finanzamt Wolfratshausen – 169/258/90344 – **IdNr. 82 096 358 479**

Bankverbindung – Sparda Bank Nürnberg – BLZ 760 90 500 – Kontonummer 442 50 59

[Gemäß § 4 Nr. 14 Buchst. a UStG sind Heilbehandlungen im Bereich der Humanmedizin umsatzsteuerfrei. Dazu zählen auch die Leistungen der Heilpraktiker].

Ich wünsche Dir - Dir und Dir

Lieber Leser, eine wohltuende Öffnung zu Dir und zu deiner liebevollen Natur als

„Erden-Engel"

In diesen schnelllebigen Zeiten der Jagd nach Anerkennung – Profit und Erfolgsstreben kann dies eine neue Qualität an Erleben und einer eventuellen Konzentrierung aufs Wesentliche und zukünftiger „EntSchleunigung" bewirken!

Ein Dankeschön an:

Meine Eltern; einzigartig in Ihrer Art

Meine Geschwister, die mich in meinem Dasein begleitet und geformt haben

I Love You All!

Meinen Sohn Frank, der mir oft den Spiegel vor Augen hält! ;-) Buchcover von Sohn Frank fotografiert.

Dieses Büchlein dient als ein kleiner Wegbegleiter „täglicher Inspiration" und als Möglichkeit einer neuen Sichtweise in der Lebensführung.

Es ersetzt weder den Rat durch einen Arzt deiner Wahl, noch dient es als Ersatz für medizinische Behandlungen von physischen und psychischen Erkrankungen aller Art!

Werdende Mutter (schwanger) ist oder sich krank fühlt oder krank ist, konsultieren Sie <u>immer zuerst einen Arzt Ihrer Wahl!</u>

Und denk bitte dran …

Du – Du und Du – SIE –Er – Es

trägst die Verantwortung für

Dich und dein Leben!

<u>Haftungsausschluss: Autor & Verlag</u>

Inhaltsverzeichnis:

- *NEU-BEGINN*

- *Zwei und Zwei macht Vier*

- *Ein „JA" für die Ewigkeit*

- *Das weibliche & männliche*

- *Erlaube Dir ...*

- *Seit dem ich es nun endlich
  verstand*

- *In Anbindung zum Göttlichen
  durch die Zwei – II – 20 -20.*

- *Seelenliebe*

- *Botschaften der
  Seelenliebenden*

- *#9 Metatron*

- *Herz-Öffnung again*

- *Zahlenbotschaften*
  207-223 & 242-250

- *Werde zuerst dir Klar!*

- *Im Gleich-Klang sein*

- *Meine geliebte Seele*

- *Gefühlswelten er-leben*

- *Botschaft des Herzens*

- *Die Gute Gans*

„Engel der Meere"

Audio You Tube

Clarissa M. Seite

Glück und Segen auf all euren Wegen

Wünscht euch von Herzen!

Eure Lichtbringerin Claire

Die Natur & Liebe ist
unser höchstes Gut!

Audios auf YouTube

Clarissa M. Seite

„Schreib &
Sprechmedium"

Delfine, die wahren
"Engel der Meere"

„Wenn dir der Wal als
Krafttier begegnet"

Und viele mehr!

"Ich liebe mich

&

Ich liebe Dich"

Liebesbotschaft an DICH von den Engel der Meere♥

Wunderschön dieses Bild mit all den spielenden Delphinen♥

Gehe in deine Leichtigkeit und lebe dein Ur-Vertrauen zu Dir und deinem Gefühl und daraus resultierenden Gedanken & Handeln!

Vertraue dir deiner Interaktion - deinem Leben, dass es im richtigen Fluss fließt.

Energieflusstempo!

https://www.youtube.com/watch?v=4lfIAfhAK8Y

Klammere dich nicht an irgendwelchen Ereignissen -

Personen - Situationen; einst
gegebenen Versprechen ...

Aus Angst vor Neuem und aus
der Verpflichtung heraus!

NEIN!

Raus aus Angst - Verlust -
Mangel - Ego und rein ins Herz♥

!Alles hat seine Zeit und wenn
der Zustand von

"Geben & Nehmen"

eben nicht mehr, wenn es nicht
mehr im Fluss ist ...
(Tarot #14 - Mäßigkeit),

dann hat es ein
"Ungleichgewicht" erreicht, was
schon seit langem dein Leben
bestimmt - beschwert und mürbe
macht!

Traurigkeiten &
Einsamkeiten & Krankheit
sind die Folge!

Magenprobleme - Herz -
Depressionen - Krebs können
Folgeerscheinungen sein!

Hole dir dein Energieflusstempo
zurück; deine Seelenanteile von:

Glück
Freude
Spielen
Vertrauen
Leichtigkeit

und vor allem von der LIEBE♥ zu
Dir und deinem gewünschten
Gegenüber♥

Gehe deinen geschmeidigen -
leichten - liebevollen Weg; im
Fluss des Lebens.

Genieße dein SEIN♥

Sei zuversichtlich im Sinne von:

Vertraue dir und deinem Gefühl - deinem Herzensimpuls und gestalte dein wundervolles Leben auf deine einzig wahre Art & Weiße - Jetzt!!

Resonanz mit dir gehend erzeugt dein Umfeld voller leichter hoch schwingender Energie und zieht diese Art von Menschen & Situation in deinem Leben ...

Was dir gut tut und dich erfüllt!!

Auffüllen

Auftanken

Regenerieren

Jungbrunnen

Spiele & pflege dein inneres Kind, das dich liebt ♥

Mögliche Affirmation:

Ich bin in meinem Ur-Vertrauen♥
Ich bin im Urvertrauen!

"Ich liebe mich

& Ich liebe dich"

Liebe als höchste Kraft und Macht im Universum!

Liebe als höchste Schwingung und Kraft, kann Berge versetzen und bringt dich unweigerlich in deine Heilungsenergie auf Allen Ebenen.

Liebe so oft und so viel als stärkste Kraft ...

Sende die Liebe aus zu deiner geliebten Person ...

"Wenn die Seele liebt, gibt es kein zurück mehr"

Unerwartete Nachricht folgt!

Was auch immer passiert, behalte dein Lächeln und verliere dich in der Liebe.

Rumi

Ein „JA" für die Ewigkeit

...

Ist es das oder ist es eine Zeit des Wachsens für Immer !?

Ein Tod in der Liebe zueinander ist ja bekanntlich der Anfang vom Ende 💜

"Hier & Jetzt"

zu leben - genießen - reflektieren - wachsen - umsetzen und schauen was die Zeit dir dadurch bringt ...

Alt im miteinander werden ....

in

„Respekt - Liebe – Achtsamkeit"

Ein lohnendes Ziel voller

Mut - Eigeninitiative - Vertrauen
- Geduld - Reflektion - Wachstum
....

Bist du dafür bereit - reif!?

Wage den Schritt ins
ungewisse aber voller Mut
und in der Gewissheit das du

„Reif „

daraus hervor gehst!

Alles Liebe & Gute für deine

Love & Light & Joy

Deine Claire

Der Weg ist das Ziel!
– Konfuzius*

Praxis für Psychotherapie

Clarissa M. Seite

Heilpraktikerin für
Psychotherapie[HeilprG]
Suchtberaterin
Mediale Psychologische
Lebensberatung / Kartenlegungen

**TAROT / KIPPERKARTEN /
ENGEL / KRAFTTIERE**
REIKI – Meisterin / Lehrerin

SCHREIBMEDIUM &
SPRECHMEDIUM

www.theralupa.de
ClarissaSeite.Tumblr.com
You Tube Kanal
Clarissa M. Seite
Clarissa.Lichtweg@gmx.de

Vollmond - Botschaft!

Das weibliche Prinzip im männlichen Sein und das männliche Prinzip in der Weiblichkeit ...

Darum geht es ...

Wir Frauen müssen im Job - Familie, in der Partnerschaft oft in der Logik handeln, sonst kommen wir nicht rum und werden kaum gerade im Beruf Anerkennung finden!

"Den Mann stehen"

Gerade die Weibliche Seite an Uns ist eben unsere Stärke, wie:

"Vergebung"
"Intuition"
"Feinfühligkeit"
"Familie zusammenhalten"

Jedoch ist es sehr wichtig auch seine andere Seite - die männliche Seite in Uns zu pflegen **und ruhig den Mut und die Stärke zu leben.**

"Seine Meinung verstreten"
"Sich Äußern"
"Standpunkt klar machen"
"Nein sagen können, ohne Angst auf LiebesVerlust"

und glaubt mir, dem Mann geht es nicht anders.

Immer muss er fast schon täglich seinen Mann stehen, stark sein! Macher sein und die Dinge regeln. Jeder verlässt sich auch auf Ihn, dass die Kohle stimmt! Rechnungen bezahlt werden und die Familie gut versorgt ist.

Auch er sehnt sich immer mehr nach dem weiblichen Aspekt in Ihm! Sich auch mal fallen lassen zu können. Rückzug ohne Vorwürfe, einfach mal "frei" sein von Verpflichtungen!

"Einfach so sein"
"Einfach mal die Flügel hängen lassen können ohne Anerkennungsverlust"
"Einfach mal schwach sein ohne Vorwürfe und Anerkennungsverlust"
"Gefühle aufsteigen lassen können ohne der Gefahr "Schwächling" zu sein.

Auch Er hat Tränen in sich und tiefe Gefühle, die im Alltagsgeschehen unterdrückt werden, um eben diesen "Mann stehen verkörpern zu können".

Gut, stimmt schon, vieles hat sich schon in unserer Zeit an sogenannter typischer Rollenverteilung gelöst, jedoch gilt es nach wie vor und gerade jetzt diese Seiten immer wieder bewusst zu integrieren und in die Verschmelzung ins miteinander in der Frau, im Mann und im Miteinander unter Einander zu integrieren und zu leben!

"Eins Sein mit sich und mit dem Anderen"
" im Miteinander Eins Sein"
"Jeder für Sich und doch gemeinsam"

Auf sich achten und sich in seinen Qualitäten leben und ganz offen im Herzen mit dem Gegenüber kommunizieren und somit eine gelungene "Einheit" bilden!

Probiert es doch aus ... die Zeit ist reif, reifer denn je ♥

Achtet auf eure jeweiligen Qualitäten im Frau und Mann sein und verbindet und löst euch immer wieder von der klassischen Vorstellung wie etwas zu sein hat, sondern findet immer wieder in der Liebe ...

"Respekt"
"Vertrauen"
"Offenheit"
"Geduld"

Nur Mut!

Macht euch auf den Weg, jeder für sich in die Tiefen der Seele zu blicken; ins Dunkle ganz tief in euch zu blicken - erspüren - fühlen - auflösen!

Traut euch!

Öffnet euch nun gemeinsam im Gegenüber und wagt die "Offenheit" in der Ehrlichkeit und Wahrheit in euch und im Miteinander!

"Schafft Vertrauen im Herzensgefühl"

Jeder hat seine Defizite, Stärken und Schwächen, und es geht auch nicht um diese ewige wie toll ich bin – schau mal was ich habe und bin „Vollkommenheit" …

Es gibt kein Gut oder Schlecht - es gibt kein zu viel oder zu wenig - es gibt kein du musst so sein und dann klappt es mit dem

Nachbarn (Wer kennt die Werbung noch mit den Glasreiniger) !!

Nur wer den Schritt wagt, so zu sein wie er ist, kann sein Gegenüber erkennen und wahr-nehmen!

Nur wer den Blick wagt, sieht sich im Gegenüber und weiß um die jeweiligen "Licht & Schattenseiten" in sich und seinem Partner!

Nur wer liebt wagt die "Vergebung" mit sich und seiner Liebe, auch wenn es eine "Trennung" als Konsequenz bedeutet!

Aber dann kann gelöst werden, ohne Vorwürfe, ohne Reue, ohne

MißGunst und ohne
<u>Rachgefühle!!</u>

Nur so, lebt es sich im Einklang
mit seinem männlichen und
seinem weiblichen "Ich bin" und
große Liebe ist mit der Liebe
seines Lebens nun möglich ♥

*Seid offen - ehrlich euch
selbst gegenüber - arbeitet
an Euch mit viel Gefühl &
der Liebe zu euch ...*

**Es lohnt sich immer auf den
Lebenspfad, seinen Weg des
Wachstums mit sich und
seinem Sein weiter voran zu
schreiten.**

**"Ein Schritt nach dem
Anderen"**

Jeder für Sich in seinem Energie-Fluss-Tempo!!

"Ich liebe mICH & Ich liebe dICH"

Herzöffnung eben 🤍

Love - Light - Joy
CLAIRE

Auszug aus dem 10. Buch – 3. Teil der Trilogie / Winter 2017

„All-Drei-Sein eines Erdenengels"

288 Seiten / 13,13 Euro

Nach dem Numerologischen Prinzip

„Einheit in der Vielfalt – Vielfalt in der Einheit"

Vergangenheit – Gegenwart – Zukunft

Vater – Sohn – hleiliger Geist

Dreifaltigkeit

Drei = Wachstum – Entwicklung - Transformation

Erlaube dir ...

Erlaube dir, dich endlich   "voll
& ganz"   zu leben!

Erlaube dir, deine Ideen und
Impulse   "hier & jetzt"
spontan zu leben!

Erlebe dich auf ganz neue
"Art & Weiße"

Bleibe so, mit deiner

"Mitte"

gut verbunden und erlaube dir
dadurch

 "Erfolg & Fülle"

und erlebe diese jetzt!!

Erschaffe dir dadurch dein
persönliches Glück 🩶

Du darfst genau so sein ...
erlaube es dir einfach 🖤

Glaube Dir

Sei dein Schöpfer 🖤

"Leben und erleben werden so
zu einem kostbaren Gut im hier
und jetzt".

Schönen Abend deine Claire

Love & Light durch
Schattenauflösung leben 🖤

Guter Morgen für die

LIEBE "Botschaft"

Das ist wahrlich Liebe!Einfach lieben, weil es so ist wie es ist ... sagt die Liebe GE-Nau so ist es ...

Ich liebe dich im Wesen so wie DU bist ...

Deine Energie ist einfach um-werfend ....

Das Allein bereichert mich schon aufs Höchste ...

Du bist toll, so wie DU bist und ich fühle mich in deiner Energie

"Wohl & Geborgen"

Danke, dass Du da bist!!

Seit dem ich es nun endlich verstanden habe!

Sei dem ich es nun endlich verstanden habe, aus meinen eigenen Kontrollthemen (Schattenprinzip) weg zu gehen kann nun endlich das Licht fließen!

Ich habe es nun endlich verstanden, dass Alles im Fluss fließt - rauf und runter - hin und her wie die "Mäßigkeit im Tarot #14" immer wieder den Ausgleich schafft, um in der Mitte des Lebens, also mit sich im Einklang zu sein.

Ich weiß nun um die Mitte in meinem Herzen, somit kann Herzöffnung geschehen und Alle

Einschränkungen
(Schattenprinzip) durch

„Bedürftigkeit und Erwartungen"

, ja sogar Anhaftung und
Klammern an einem Gegenüber
werden hier nun aufgelöst!

Der Schmerz geht weg und die
„Eigen-Liebe" kann nun endlich

"voll & ganz"

in Ihrer Kraft fließen, fließen wie
ein rauschender Bach, der Alles
mit seinem klaren Wasser, also
mit deiner puren Energie nährt!!

Bedingungslos!

Ist das nicht einfach wunderbar!

Erkennen und dadurch die Erkenntnis gewinnen, das Du immer zuerst auf Dich und dein inneres Kind achten darfst um im Fluss, also in deiner klaren puren Energie zu sein.

Nur dann ist die wahre Liebe zu Dir und zu deinem Lieblingsmenschen / Lieblingswesen möglich.

Wie die liebende Mutter mit Ihrem Kinde
Wie der liebende Vater mit seinem Kinde

"Die bedingungslose LIEBE"

Mit sich (Schattenprinzip von Tadel - Verurteilung - Wut) und seinem Gegenüber aus voller Kraft im Herzen (Lichtprinzip in der Vergebung ins Licht gehen) - pur - rein und im Fluss ♥

Love & Light

Claire

Heute ist "Innenschau"

Hörst du den Ruf deiner Seele zu
Dir in der Zwei, und lässt DU es
geschehen oder drückst DU den
Ruf einfach wieder mal weg.

Zu anstrengend zu fordernd zu
überwältigend ?

Was möchte durch die göttlichen
Botschaften deiner Seele gehört
und empfangen werden!?

Zwei - Seele und Du im Gespräch
Null - Freie Energien, die so nicht
sichtbar sind aber spürbar!!
Zwanzig- Im Tarot, dass Gericht

*II - Hohepriesterin, die um
ihr inneres Wissen weiß und
in der Anbindung zum*

Göttlichen "wohl und weiße" handelt.

Was darfst du nun empfangen, was möchte sich nun in deinem Zwie-Gespräch mit Dir und deiner Seele gelöst werden!

Nimm es an ...

In den Wach-Träumen - Schlaf-Träumen und Tag-Träumen werden dir wertvolle Hinweise und Eingebungen der Zwischen-Welten zuteil werden.

Himmlische Botschaften

Lebe deine Träume ganz bewusst und nehme diese Führung deiner Seele ruhig an!!

Besser kann es nicht laufen, in dieser Anbindung durch die ausgefahrenen Antennen und dem inneren Wissen der II. der Hohe-Priesterin, die durch dieses Wissen der Welten - Mysterien - Universellen - Göttlichen ganz tief in Ihrem Sein wirkt und verankert ist!!

Lebe deine Hohe-Priesterin - Hohe-Priester und sei in göttlicher Anbindung durch das Annehmen deiner Seele; der Stimme deiner Seele♥

Wenn die Seele liebt, gibt es kein zurück mehr ...

Auszug aus meinen Büchern Eins - Acht!

Achtes Buch: „All-Eins-Sein eines Erdenengels „

Auszug aus der Trilogie – 1. Teil

Blick ins Buch: BOD.de -
Amazon - Thalia und 1000
Buchstores - UK - USA -
Australien und mehr ...

Kartendeck: Seelen-Medizin von
Lisa Biritz
Bilder von Francene Hart

„Vom ICH zum DU ins WIR, als ewig leuchtende Flamme von der Dualseele in die Zwillingsseele / Einheit im AllEinSein"

Einfach tief Atmen und frei lassen!

Alles ist gut so wie es ist

"Ursache & Wirkung"

LIEBE fließt durch all meine Zellen des Körpers und bringen neue Energie!
All meine Organe fangen an voller Freude zu heilen
LICHT

"Lebenszeit ist eine
sehr kostbare Zeit"!

Genieße diese mit jedem Atemzug; mal ganz bewusst ein und aus.

Frieden!!

Ausatmen...

Ich lebe von nun an mein volles Potential!

**Alles ist gut angelegt
in meiner Welt –**

**Alles ist GUT so wie es
ist!**

Ich liebe mich!!

Liebe einatmen ...

Vertraue dir und deinem göttlichen Funken in dir!

Deine innere Stimme, die mit deiner Seele voll verbunden ist, zeigt den Weg nun auf

LAUSCHE!!

**Liebevolle
Verbundenheit leben!**

**Zwei Zwei
22
Zwanzig**

**Das Miteinander in
der Zusammenkunft
genießen!**

Zusammengehörigkeit

Liebe

Folge deinen
Seelenweg♥
Vertraue auf dein Herz
Lausche und Fühle!

BALANCE
LIEBEVOLL
VERBUNDEN

Nochmals!

Selbst-Wert-Sein!

Was bist du dir WERT

**Was darf sich nun
lösen ...**

**Voller Liebe
&
Vergebung♥**

„Ich Bin"

Ich vermisse Dich so
sehr!

Ich vermisse den
Dialog mit Dir ...

Dein Winken hat mich
immer so gefreut ♥

Bitte melde Dich!

Vertraue!

Vertraue Mir
&
Vertraue Dir

Starke Anziehung, da die Seelenverbindung so tiefgehend auf Allen Ebenen ist!

Nur Mut

**• Öffne Dich **

Was gibt es schöneres als die Eigenakzeptanz; dass so sein mit sich selbst, egal was andere an Meinungen über Dich haben mögen!

Pflege dich und dein liebevolles Wesen, deine Seele liebt es sich in der LIEBE mit sich zu befinden.

In der Mitte
angekommen,
im „so-sein"
Du bist gut so wie du
bist!

Schöpfe aus deiner Selbst-Liebe und es werden viele kleine & große Wunder geschehen, ob es Bestimmung ist oder nicht; Du darfst immer deinen Weg selbst wählen und entscheiden ...

Rechts oder Links!

GERADEAUS

ICH BIN!

Im Miteinander
wachsen und in sich

"FREI"

sein, auch wenn es
unterschiedliche Wege
zur Folge hat!

Du bist immer „frei"

Nur Mut!

Lebe dich, so wie DU
bist...

„Authentizität"

PranaJanaYoga!

- Atme! ...

**fließend tief in deine
Organe ein und aus,
das täglich, dann bist
du Eins –**

AlleEins!

ALLEINS!

Innere Einkehr

Höchste Spirit

Im Reinen sein

Segne das Sichtbare
wie Unsichtbare;
Alles ist bereit zu
leuchten!

Raus aus Illusion♥

Lotusblüte

Die Zahl 6

Die Liebenden!

Wer voll & ganz liebt ist nicht nur mutig, sondern im inneren Wissen!

Kraft

Liebe ist Stabilität!

Wenn sich das Herz ausdehnt und die

Wärme & Freude

ausstrahlt, dann fühle ich mich sicher 🩶

„Ich bin AllZeit in Sicherheit durch die Kraft der Liebe"

Ich weiß nun, dass ich dich liebe!

Ich weiß, was ich weiß, ich weiß um meine Gefühlswelten!

Ich weiß, dass ich dich liebe - ja ich liebe dich, aus ganzem Herzen!

Ich weiß, dass ich das, so wie es mir gelernt wurde, so nicht darf!

Ich weiß, dass ich hin und her mit mir und meiner Loyalität und Moral gerissen bin.

Der Schmerz und die Verachtung auch mir Gegenüber an manchen Tagen kaum zu ertragen!

Ich habe mich selbst an die Wand
gestellt ; und mit Steinen
beworfen; in den Schatten
gestellt!

Ich ringe um Licht und um die
Erleuchtung; raus aus der
Täuschung?

Doch dann kommt das Herz zum
tragen; kaum lässt es sich ertragen
und sagt voll Kraft und
Leidenschaft ...

"Ich Liebe Dich aus ganzem Herzen"

Ich liebe mich aus ganzem
Herzen und Alles ist gut so wie es
ist ... sagt die Liebe doch in
großer liebevoller Verbundenheit
und die Seele spricht ganz laut ...
JA!

"Wenn die Seele liebt, gibt es kein zurück mehr"

Raus aus dem vermeintlichen Gewohnten ; Alles wird gut werden mit dem Beenden & dem Neu-Beginnen♥

Meine Seele liebt Dich!

Wie darf mein Leben aussehen und wie gelange ich dahin!

Fülle

Erfolg

WohlSein

LIEBE♥

Nur Mut

Schritt für Schritt

Auf deinem Weg
gehen und
kontinuierlich dran
bleiben!

Sei Du das Licht
Gottes und gehe in die
bedingungslose Liebe
und werde zur Quelle

Allen Seins –

Ich bin!

Liebe 🩶

Du bist mein Licht;

Jesus & Maria

Magdalena lieben

Dich und die göttliche

Kraft möge immer mit

Mit dir SEIN 🤍

Liebe 🤍

Liebe ist ...

Pflege dein inneres
Kind gut, denn sie sind
dein wertvoller Schatz
an Erfahrungen &
Wissen♥

HerzHeilung

Deine Tränen und Sorgen werden durch die universelle Kraft und Liebe geheilt! Öffne dein Herz für diese Energie der Heilung♥

Now!

**Heile dein inneres
Kind und pflege Dich
mit all deiner Liebe zu
DIR♥**

Kind Gottes!

NEUN!

Heilung geschieht durch ausleuchten der Schattenanteile in deinem Inneren, um dann im Außen zu leuchten!

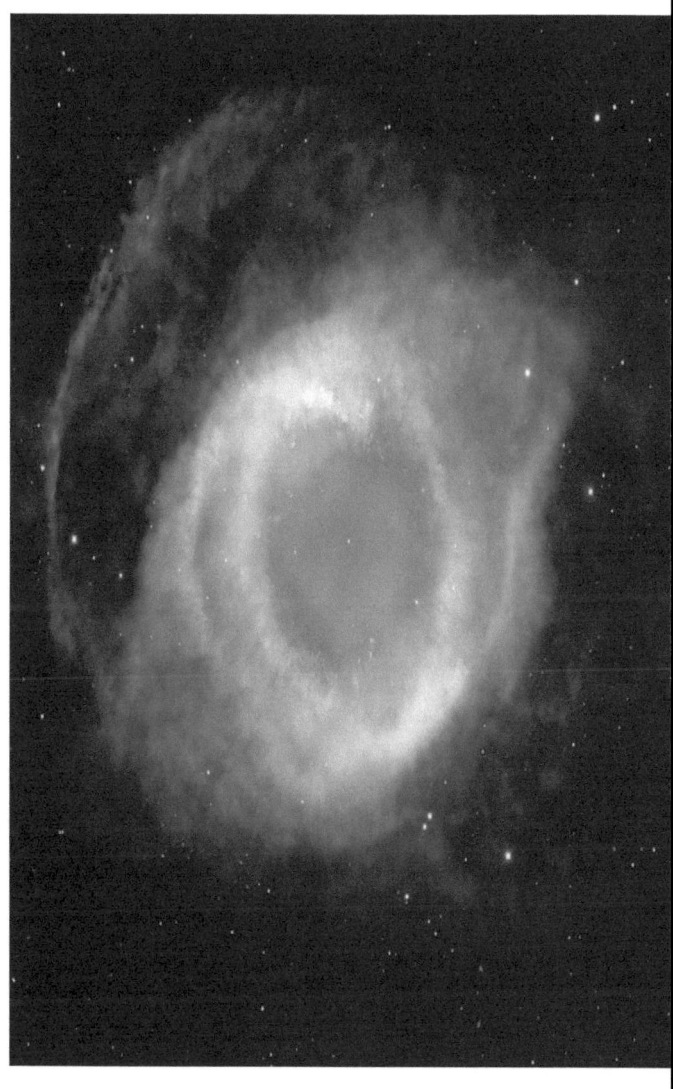

Raus aus ver Urteil ung; rein in
den Selbst-Wert!

Du kannst nicht Alles richtig
machen & Glaubensätze veraltern
& sind bereit zur Erneuerung.

Das Leben ist ständiger Wandel
♥

Lebe dein bestmögliches Leben
und lass geschehen, dass

Göttliche ♥Vollkommene

wird sich für Dich erfüllen!

Bleib dir treu und traue dir und
deinem Tun ...

Du verdienst dein AllerBestes zu
jeder Zeit voller Freude - Liebe
und in wohlgesonnener
Gelassenheit 🩶

Alles Liebe für Dich!!

Deine Claire

20

Im Tarot das Gericht!

Folge den Weg der
Gerechten, nur so
kannst du dich klar im
Spiegel erkennen!
Dein Weg be-wirkt
WUNDER💚

Aus Zwei wird Einz

Die Zwei und die Eins im
miteinander sich so intensiv

verbinden können, wie ein
tanzendes Paar was synchron sich
in der gemeinsamen Energie, in
der einzig und wahren Linie
miteinander in Schwingung
"EinsSein" bewegt!

In der Liebe ist Alles möglich und

„Grenzen und Beschränkungen"

 werden nun überwunden und
verschwinden durch diese
unendliche Kraft .

Kein Aufhalten mehr möglich
und gewollt!

Es fließt einfach und beide
wissen, dass es nicht mehr zu
stoppen ist und es auch ziemlich
schnell klar ist, dass es gar nicht
mehr gewollt wird.

Klarheit♥ im Miteinander♥
erlangt♥

Weiter machen und weiter gehen
und weiter miteinander
verschmelzen, bis zu den einem
Punkt ...

Die Zwei verschmilzt zu EINZ ig
und All-Eins!!

Aus Ich & Du ist ein WIR
geworden und die Seelen -
Zwillingsseelen werden zu einer
Flamme im großen Licht neu
geboren.

„ZwillingsFlamme"

Die lange Durststrecke und das
jeweilige sich finden in dieser
Zeit ist nun abgeschlossen, der
Reinigungsprozess hat sich
aufgelöst und beide haben zu sich
gefunden und können nun sich

selbst und dem anderen in all seinen Facetten klar und im tiefen Wissen und in dieser tiefen Verbundenheit gegenüber schreiten sich geklärt in die Augen sehen - sich anlächeln und an die Hand nehmen!

Es ist gelungen, *die liebevolle Verbundenheit*, dass Wissen über diese lange Zeit von tiefer Liebe und das streben wieder *EINS* zu werden ist wahrlich von oben die ganze Zeit bereits gewollt und nun vollkommen...

"EINS♥"

Alle Puzzle wurden zusammengefügt und Alle Beteiligten haben nun ihren neuen Platz eingenommen...

"In Liebe♥"

Was „Dual" begonnen und voller Wucht nach der ersten Begegnung nun lange loderte, darf nun aus der Kraft der Liebe, sich im Feuertanz zu einer Flamme emporsteigen und zum höchstem Wohl beider im Verbund zusammen zu einer gemeinsamen "Flamme" brennen.

Die eine Flamme!

Der Phönix wurde nun *NEU* geborgen und steigt jetzt auf in die Lüfte des Himmels.

Transformation hat nun auf höchster Ebene stattgefunden.

Das Werk der Schöpferkraft ist vollbracht, die Liebe neu geboren♥

aus

"Ich liebe mICH & Ich liebe dICH"

ist ein

""WIR lieben UNS""

geworden!

Aus 2 in die 1

2+1=3 Wachstum zu einer neuen
Ebene des Seins

Auszug aus dem dritten Buch der
Trilogie

"All-Drei-Seins eines
Erdenengels"

10. Buch aus der Reihe der
ErdenEngel / Winter 2017

"Wenn die Seele liebt,
gibt es kein zurück
mehr"

SeelenLiebe!! eben!!

22

NEUE Begegnungen
können durch
Vergebung im Herzen
auf einer höheren
Seiensform nun
stattfinden! Lass
geschehen♥

Öffne Dich♥

ZweiZwei

22

Vergebe DIR und deinem Gegenüber im Herzen; öffne es für den Fluss der Liebe voll & ganz♥

JETZT!

Durch das Prinzip
der Zwei im
Miteinander kann
nur so neues Leben
erschafften!

DREI - Wachstum

Liebe leben

Neun – inneres
Wachstum geschieht

Vater & Mutter

Kind!

ZweiZwei - VIER

Durch das Miteinander öffnen
und lassen beginnt das Sein in
eine höhere *Seiensform* zu
wirken!

BALANCE

Jetzt kann ein wirkliches
Miteinander aufgrund dieses
Austausch von Innen & Außen im
ZusammenSein passieren!

Alles ist nun in Liebe möglich♥

Alles ist so wie es ist und darf
auch wirklich sein!

Nichts wird dem anderen übel
genommen und vorgehalten,
sondern akzeptiert - respektiert -
gefühlt - durchlebt - es darf sein -
es darf unbedingt sein, denn nur
so kann ein wirkliches erleben -

wissen des Gegenüber möglich sein♥

MaskenFall!

Endlich erkenne ich mich auch im anderen so wie ich wirklich bin!

Ich habe es verstanden, denn ich habe es in all meinen Zellen körperlich - geistig und mit meiner Seele im *BewusstSein* wahrgenommen!

Ich Bin
Du Bist
Wir Sind

Love & Light & Joy

Deine Claire

"Der Weg ist das Ziel - Konfuzius"

17:17

Blockaden lösen sich!

Kehlchakra, das Tor zum spirituellen göttlich, will sich nun reinigen und all die Wahrheit ausprechen!

Ich bin wahrhaftig

18

Traue dir endlich und gehe in deine Kraft; Engel werden dir gerne zur Seite stehen!

Glauben

Bitten & Danken♥

Öffne dich für die Liebe in deinem Herzen, nur so ist ein empfangen möglich!

Atme und dehne dein Herz aus und sende all deine Liebe ♥<3

"Du bist Liebe und wirst immer geliebt"

AllZeit♥

Ich bin immer an deiner Seite auch wenn du mich gerade nicht sehen kannst; spüren - fühlen und in Gedanken bin ich immer da!

Bei Dir im Herzen♥

"Herztakt" - "Herzfrequenz" - "Kolibri" - "22" - "Erdbeere"

""6 - JA"" ...

Ich liebe Dich!!

Im Tarot #6 bekennen sich die Liebenden nicht nur körperlich zueinander und öffnen ihre Herzen füreinander; der erste richtige Schritt zum Hohepriester ... Hierophant #5

"Nun können sich *„König & Königin"* auf gleicher Ebene im geistig - spirituell vereinen - Eins werden - All-Eins-Sein♥

Audio You Tube

„Kolibri – Herzfrequenz"

Love & Light & Joy

Deine Claire♥

111

Vater - Mutter - Kind
"Dreifaltigkeit"
Wachstum auf Allen
Ebenen geschieht!
Körper Geist Seele♥

Das "Wohl Richtige"
wird sich in deinem
Leben zeigen; traue
der Stimme deines
Herzen-Ruf♥

*Liebe darf "frei"
gelebt werden;
immer gewünscht
und göttlich
gewollt♥*

*"Engel begleiten dich auch
in menschlicher Gestalt"*

*Sei auch du ein Engel für
deinen Nächsten♥*

Sende und empfange Liebe♥

Siehe, ich komme bald

(Offenbarung 22,7)

"Lass dich auf deinen Weg durch das Gebet führen"

Believe in YOU!!

"Sieben - Vertrauen & Offenheit"

Wo sind deine Ängste noch versteckt; der, der den Mut nutzt, darf auch Angst haben ...

"Überwindung"

Ängste gehören zum leben und zeigen einen noch die versteckten Schatten in uns auf ...

"Unsicherheiten"

Vor was oder wem und warum hast du Angst!

Wo kommt es her und wo gehört es wirklich hin♥

Ein für Alle (mal)

Zusammen in der Zwei, kann hier die Freiheit und die spirituelle Vereinigung in der Fünf erlangt werden.

"Göttlich gewollte Vereinigung auf der höchsten Ebene"

Sieben ist die Folge von "Vertrauen und Offenheit" und wird mit einem Wunder - Vollen Ergebnis der Resonanz von "Ursache & Wirkung" belohnt!

"LIEBE♥"

Du bist das "Wunder-Volle Ergebnis deiner Selbst" und JA, es ist es immer WERT den RUF der LIEBE zu folgen!!

Traue dich und wage den Sprung in dein HERZ / Glück-Licht-Sein!

Love & Light & Joy

Deine dich liebende Claire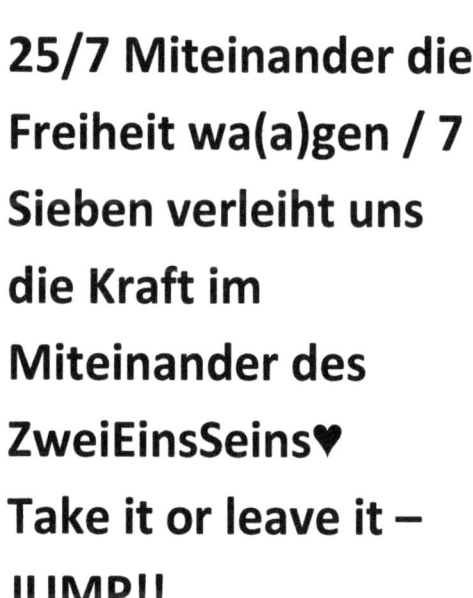

25/7 Miteinander die Freiheit wa(a)gen / 7 Sieben verleiht uns die Kraft im Miteinander des ZweiEinsSeins♥ Take it or leave it – JUMP!!

Drei Mal Sieben ist EinundZwanzig!

Nur wer Empfänglich ist und sein Herz geöffnet hat, kann auch wirklich empfangen

Fühle!
Gefühl
Gefühlte drei mal
sieben ist 21

Drei ist auch die Herrscherin, die geduldig wartet, bis es wächst und gedeiht!

Geduld im Trauen und der Offenheit der Sieben eben!

Jetzt ist der Tanz auf Allen Ebenen möglich durch die 21 / Welt im Tarot!

Wer voller Freude und voller Tanz ist in der Zu-Versicht der Dinge und erhält die täglichen Wunder von "Ursache & Wirkung" in der Resonanz♥

Tanze und fülle dich somit mit "Freude" und erhalte immer nur das Beste für Dich ... bereit?

Liebe ist ♥

Sieben eben!

Du darfst dich ohne Angst vor
Versagen lieben; jetzt bist du
bereit dein Gegenüber "klar" zu
sehen, denn du siehst nun dich
"klar"

Nimm dich an und du nimmst
euch an so wie ihr seid!

Verletzlich - schwach - ängstlich -
traurig - klein im Rückzug♥

damit ihr im WIR

Stark - kraftvoll - voller
Vertrauen in der Freude & Liebe
im miteinander♥

im Sein sein könnt!

Liebe ist Heilung auf
Allen Ebenen♥

Körper - Geist & Seele vereinen
sich zu EINZ!

Dreimal Sieben ist EinundZwanzig

Drei - durch Wachstum gelingt
was ausgesaet wurde!
Sieben - Im Vertrauen und der
Geduld dass es wächst!
EinundZwanzig - Eins werden
mit der Zwei im miteinander!

Bringe deine Liebe durch deine Schöpferkraft zum Ausdruck 🖤

Nur wer sich seinem Herz öffnet
wird die Liebe ernten!

Drei - Dreifaltigkeit -
Drei in der
Vollendung!

♥ Körper - ♥ Geist &
Seele ♥

"Öffne dich für die
Liebe in deinem
Herzen", nur so ist
ein empfangen
möglich!

Atme und dehne dein
Herz aus und sende
all deine Liebe ♥...

Ein Mega Traum!

Gestern ein Tag voller Bauchweh,
also schlafen tut gut!

Solarplexus - Sonnengeflecht -
Chakra - gelb - Ego -
BewusstSein♥

"Sitz der Seele"

Alte Weisheit der Chinesen ...

Der Darm ist der Sitz der Seele
und Liebe geht ja bekanntlich
durch den Magen♥

Nun Mein Traum♥

Ich schlief wohl über drei
Stunden und im Traum kam eine
langjährige Person bei mir vorbei
um mit mir zu sprechen oder ich
denke mir diese Botschaft vorbei
zu bringen!!

Ich sagte zu ihr, schön dass du da bist (sie hat mich oft auch in früheren Leben in Krankheitsverläufen begleitet und ich sie auch- wir waren Wanderer durch Pest und Cholera und überlebten im miteinander gemeinsam)

Ich sagte, hab grad an Dich gedacht - 5:05 Uhr war es und sie sagte ja, ich auch an dich, deshalb bin ich jetzt hier bei dir.

Spirituelle göttliche Vereinigung der Liebenden durch die Fünf – Hohepriester!

Ihr Gesicht war mit bunten glitzernden Straß Steinen wie ein Schmetterling zwischen der Nase zu den Augen geschmückt und ihre Nasenflügel mit einer

Silberschnurr / Kette verbunden
wie bei einem Adler / Falken und
sie sagte "Ich weiß Clarissa, dir
geht es nicht gut" ....

Dann schaute sie mich lächelnd
voller liebevoller Zuneigung an
und sendete mir "Alles ist gut" -
Transformation stieg in mir hoch
... wie ein bunter Schmetterling
und der Adler mit seiner
Botschaft von das höhere Selbst
spricht mit Dir, deine Seele teilt
dir folgendes nun mit:

*"Wisse, dass sich Alles zum
Guten wendet - gehe in die
Position des Adlers und
folge dem Weg der sich dir
nun offenbart"*

*Glaube in die göttliche
Führung; Zeichen werden
dir gesendet und bringen*

Sieg - Gelingen und Gerechtigkeit auf Allen Ebenen!!

"Das Beste für Alle Beteiligten"

Sage JA und verbinde dich mit der göttlichen Macht und Kraft der Liebe ...

Dein Wille geschehe ... jetzt!

Der Schmetterling grüßt dich mit seinen zarten Flügelschlag und lässt dich um die Wunder-volle Transformation in Regenbogen-Farben wissen♥

Lieber Erzengel Metatron!

Engel der Wahrheit, des
Erkennens und der Kinderseelen♥

Ich bitte um deine Reinigung
meines Energiefeldes, du der
große mächtige Engel der Engel♥

Bitte reinige mich und gebe mir
die Weisheit und Kraft meine
Aufgaben hinsichtlich meiner
Berufung zum Wohle Aller gütig
und liebevoll in der AllEinSein -
Verbundenheit zu erfüllen♥

Reinige mich für das Wohl Aller
und reinige mich, um im Herzen
immer für all diese wundervollen
"Kinder-Seelen" durch deine
Kraft und Liebe wirken und durch
dich heilende Energien
transportieren zu dürfen!

Lichtbringer

Ich bin ein Licht-Kind Gottes und verbinde mich mit all dem Schmerz der durch dich erlöst werden möchte, damit Heilung geschieht.

Seelenkommunikation

All die Eltern, die ein Kind verloren haben und gleichzeitig all diese tiefe Liebe spüren und weiterhin spüren, werden durch dich getragen und auch geheilt♥

Liebe heilt Alle Wunden

Danke für diese ehrenvolle Aufgabe ein Seelen-Begleiter und Tröster, im Bewusst-Sein um die höhere Kraft, sein zu dürfen♥

Medium

*"Man muss durch die Nacht
wandern, wenn man die
Morgenröte sehen will*

Khalil Gibran

"Bleib dir selbst Treu"

nur so ist ein Gleichgewicht von
"Geben & Nehmen" gegeben!

Oftmals wird gegeben, um
gemocht - geliebt zu werden,
seinen Verpflichtungen
gegenüber der Familie &
Freunden nach zukommen ...

So wird das oft geglaubt!

Ausgleich ist wichtig und
verbindet sich gleichermaßen mit
Achtsamkeit - Treue - Liebe -
Respekt und das Ver-Trauen sich
und anderen gegenüber ♥<

Wenn diese Balance aus dem
Gleichgewicht gerät ist, rückt die

Selbst-Liebe in den Fokus♥

"Bleib dir selbst Treu"

Du bist deine Nummer Eins - 1
#one

Nur wer sich selbst liebt ... wird den Ausgleich und die Balance im Außen erfahren ...

"Du bist es Wert geliebt zu werden"

Achte gut auf Dich und pflege dein inneres Kind sehr gut!!

Liebe Dich

"Ich liebe mICH & Ich liebe dICH"

*Vertraue dir und
deiner medialen
Anbindung und Kraft
...*

*Licht wird dir zuteil
durch das Öffnen und
Trauen von*

*Körper - Geist und
Seele*

Empfange!!

Wachstum auf Allen Ebenen

Körper - Geist & Seele in die Balance
bringen durch

**NEUN – kehre in Dich ein wie der
Eremit!**

**Gehe ganz tief mit der 9 in Dich;
kläre dein Herz und leuchte aus …
Was siehst Du - Was fühlst Du - Was
wünscht Du dir - NEUES♥**

Herzensenergie -

Herzensfrequenz im Vordergrund -

Jetzt - will jetzt gelebt werden.

Werde Licht & Liebe …

Raus aus dem
Hamsterrad

Raus aus falschen
Kompromissen

Raus aus
Abhängigkeiten

Raus aus
Schattenverhältnissen ...
ins LICHT

Raus aus Sinnlosigkeit

Raus aus Konsum

Raus aus Manipulation

Raus aus Korruption

Beachte auch die ZWEI in der und die
DREI die der ZWEI als ein Mit ein
ander wachsen …. nun folgt!!

"WACHSTUM im Innen & Außen vereinen"

durch die Bereitschaft der DREI

"Herrscherin im Tarot "

Mit dem Herzen wachsen!!

"Die zwei der Scheiben"
zeigen auch gerade in der Abbbildung
von Aleister Crowley - Thoth Tarot
die Licht / Schattenverhältnisse an -
Ying & Yang - Oben wie untern im
Symbol der Acht / Schlange die dich

beißt um eine Richtungswechsel /
Transformation in deinem wertvollen
Leben / DA-SEIN unweigerlich / sofort
einzuleiten.
2016 das Jahr des WECHSEL /
Machtwechsel auf der Erde von Armin
Risi

Herzensenergie pur eben

Doppelte Energien nutzen und
nochmals die Integration von

Herzensfrequenz im Vordergrund -
Jetzt - will jetzt gelebt werden.
Werde Licht & Liebe …

ALSO!!

Raus aus dem Hamsterrad

Raus aus falschen Kompromissen

Raus aus Abhängigkeiten

Raus aus Schattenverhältnissen … ins LICHT

Raus aus Sinnlosigkeit

Raus aus Konsum

Raus aus Manipulation

Raus aus Korruption

Frage:

Was müssen wir verändern in unserem DA-SEIN um den Wechsel in uns und auf Mutter Erde zu vollbringen. Welche Möglichkeiten habe ich und habe ich noch nicht berücksichtigt. Was kann ich zu einem besseren ICH / WIR hier und jetzt und auf unserer wundervollen Mutter Erde dazu

**beitragen
einbringen
bewirken
umsetzten
leben
voller Licht & Liebe**

Ändere deinen Geist und du änderst Alles!

Der Weg ist das Ziel!   Konfuzius

Heilung

Durch

Innenschau

Neun

#9

Der Eremit

Leuchte

Liebe aus ganzem Herzen

Liebst Du Dich
wirklich, dann
liebst du auch
wirklich dein
Gegenüber –

Liebe ist, Klarheit
schaffen in Liebe♥

Innenschau 9

Neun - Metatron

Im jüdischen ein Seraphim; als
Fürst der Seraphine gehört er in
der Kabbala zu den Erzengeln.

Der höchste Engel in der Krone
des Lebensbaumes dem Reich der
Kether zugeordnet.

„Ein wahrer König der den Thron
neben Gott einnimmt"!

Lehrer und Beschützer des
inneren Wissens - des Geistes -
der Seele und jener Kinder die all
zu früh gestorben und im Paradies
nun Ihren Platz einnehmen.

Der große Metatron leitet dich mit
deinem inneren Schlüssel zu
deinem wahren Glück .... an!

Glück

Verliere dich nicht in Einzelheiten! Nein, ziehe einfach ein Resümee deinen bisherigen Erfahrungen und schreite nun weiter voran auf deinem Speiseplan des Lebens souverän - umsichtig und eigenverantwortlich!

Du kennst letzten Endes die Wahrheit in dir und um dich herum, also Augen auf und klar sehen ....

"Ich weiß, dass Gott die erste und die letzte Antwort ist -

Leben - Stille (9 Eremit) und LIEBE!!

Neun9

Klarheit - Inneres Wissen um -
Ent-Scheidung - Weißheit

Liebe und Licht

Folge den Weg deines Herzens;
Du hälst den Schlüssel zu deinem
Glück bereits in der Hand♥

Dreh den Schlüssel feinfühlig um,
und wisse um deine neue Welt ...

Intuition

Das Tor zum Himmel öffnet sich
nun und der Blick wird nie mehr
so wie vorher sein!

Perspektivenwechsel

Alles ist nun anders & das ist
wunder-voll 🩶

Die Glocken läuten im lieblichen
Gesang zu Dir!

"Siehst du nun den Regenbogen über dir erstrahlen"

GlückSeligKeit

Öffne dein Herz♥

Öffne dein Herz für die Liebe!

Auch wenn es Probleme gibt, wird dir die Herzöffnung Freude - Leichtigkeit - neue Perspektiven schenken.

Gehe einen Schritt zurück und sehe mit anderen Augen auf deine Lieblingsmenschen um dich herum.

Alles ist gut so wie es ist...

NEUES KOMMT!

Öffne dein Herz und lass geschehen, was nun in dir aufsteigt♥

Deine Gefühle sind echt und wahr
& zeigen dir den Weg zu Dir und
zu deinem Glück♥

Nur Mut!

Das Fortunarad dreht sich
für Dich!

*Öffne deine Arme; reiche
die Hand und empfange
wohlwollend♥*

Du darfst glücklich
sein!!

Zahlenbotschaften!!

Mut zur Kraft in der
Acht, dann kann
Wachstum 3
geschehen und
Wunder-Voller
Ereignisse und
Wünsche werden nun
erfüllt!

11

33

Das Herz liebt aus
ganzem Bewusst-Sein
und wagt den Sprung
zum
Herzensmenschen,
weil es das
LebensGlück aus
tiefster Seele will♥

15:15 In Freiheit liebe ich Dich aus ganzem Herzen mit einem kräftigen JA zur Liebe und Dir mit all meiner Herzenskraft♥

Ein wundervoller Tag
für Dankbarkeit; im
Gedanken diesen
auch so im Traum zum
Leben zu erwecken♥

Alles ist "Illusion &
Vision" aus der Matrix
des Seins
All-Eins-Sein
Körper - Geist &
Seele♥
Göttlicher Funke -
Love♥

EINZ - All-Einz-Sein♥
Alles ist Einz
AllZeit miteinander
verbunden♥

00:00

Überraschung!

Bin gespannt, was
heut so kommen mag
zu mir ... an

GLÜCK-Seligkeit

Jeder Tag ist ein neuer
Tag also
„Happy Birthday"

Meine liebe Seele

19 – Die Sonne

Heute an meinem Burzeltag
diese Karte gezogen♥

Kraft - Entfaltung der inneren
Kräfte, als Sonne voller Liebe
& Licht strahlen und in der
Kraft der Transformation der
Schmetterlinge - Pfauenauge
voll & ganz ♥ wirken!

DANKE

"Ich liebe mICH"

Ich Bin♥

Ich folge meiner Berufung aus ganzem Herzen und wachen tiefen Verstand!

Aus der inneren Weisheit folgen meine Dienste an die Welt 🤍

Ich bin AlleZeit da ...

"Geben & Nehmen"

Im Frieden & Einklang mit der Welt & dem Göttlichen Willen♥

Love & Light & Joy

Clarissa M. Seite

Ich verbinde mich
mit meinem Herzen
und bin Einz
Liebe♥

11- Eins - ICH BIN -
Eins im Sein
Kraft - Mut -
SelbstSicherSein -
Verantwortung -
Sieger - Meister und
Schüler zugleich -
Einz♥

11 - doppelte
Kreativität für was
möchtest du diese
Power heute
einsetzen..Für dein
Leben und für die
Liebe ?
LOVE

Claire

Herz & Seele

Einz
11

Im Miteinander ist Wachstum garantiert und bietet gleichzeitig Freiheit mit Dir selbst an, denn nur der erkennt ist wirklich frei!

Erkenne Dich und Alles in Maßen!

Weiterentwicklung auf Allen Ebenen jetzt; tief eintauchen gut atmen und sich wohl auf "was ist wohl wichtig" besinnen!

Liebe 🩶

Dir einen
wunderschönen
Guten Morgen!
"Ich liebe Dich" sagt
meine Seele jeden Tag
zu mir im flüstern mit
meinem Herz♥
DU, ja DU

Zeit ist so kostbar und Alles was zählt ist im Wesentlichen die Liebe!

Was ist der Sinn des Lebens ....

"Unsere wahre Aufgabe ist es glücklich zu sein" - Dalai Lama

Freude - Lachen - Spaß haben im Miteinander Eins und doch auch Zwei sein ...

Der wahre Sinn des Lebens ist für mich die Liebe und meine Herzenswünsche zu erfüllen♥

Was ist für dich der Sinn des Lebens ...

Familie - Job und ....

Meine Seele ruft Dich auf meinen Lebensplan uns wünscht sich ein Gespräch von Herz zu Herz ...

Liebevolle Verbundenheit
Freundschaft - Partnerschaft in
Achtsamkeit und großem
Respekt!

Was wünscht du dir von ganzem
Herzen; bitte spreche mit mir und
ergreife das Wort!

**Wenn die Seele liebt, gibt es
kein zurück mehr ...**

Meine Seele wartet auf Dich und
lässt Zeit & Raum um Schritt für
Schritt in eine gemeinsame
Richtung gehen zu können.

**Zeit ist kostbar und das
Leben wartet immer auf die
Liebe♥**

Lieben ♥ Leben

Du, bist es Wert geliebt zu
werden!

"Ich bin es mir Wert geliebt zu werden"

Liebe, wer suchet der findet - wer liebt lebt wirklich ♥

 Wer liebt & lebt wirkt wirklich glücklich♥

Go for it ♥

222

Die höchste göttliche
Anbindung zweier
Liebenden ist die
Liebe selbst! In
liebevoller
Vereinigung leben -
lieben - lernen 🩶

EINZ 1 = 1

Seelenverbund

Zweier

Seelenliebenden

Werde zuerst Dir Klar!!

Werde dir klar, wo dein Weg der Weiter-Entwicklung hingehen darf ...

Wie geht es für Dich in deinem PersönlichkeitsDenken weiter ...

Wo siehst du dich und vor allem wie siehst du dich ...

Aschenputtel
Prinzessin auf der Erbse
Froschkönigin
Königin
Heilerin

Lichtbringerin
Erden-Engel
Herzbrecherin

Müllmann
Versorger
Versager
Chef
Prinz
König
Magier
Avatar
Heiler

Was wünscht du dir ganz
klar, dann werde aktiv
und arbeite an deinem
Ziel der Klarheit!

Sich klar werden und einen klaren
Weg gehen im Einklang mit sich

und seinem Wert, schafft Raum
für deinen Lieblingsmenschen,
um auch klar zu handeln!

Im Gleich Klang sein

Klare offene Worte - Wege -
Entscheidungen eröffnen Raum
für mehr miteinander 💜

Balance halten zwischen Geben
& Nehmen durch Klarheit!

Wer, wenn nicht Du selbst
entscheidest, was sich in deinem
Umfeld ereignet ...

Du gibst den Takt an ...

Raus aus der Erwartung und
Bedürftigkeit von deinem
Lieblingsmenschen genährt zu
werden, erst wenn du dazu ganz
klar bereit bist wird sich die
Resonanz von

"Ursache & Wirkung"

für Dich klar einstellen...
ansonsten Nebel von Avalon
immer und immer wieder
verursachen!

Klare Worte äußern
Klare Wünsche
Klare Wege
Klare Gefühle
Klare eindeutige Liebe

Mach es einfach und sag einfach
was du willst und fühlst ...

... und wenn du im freien Fall
bist, genieß zumindest die
Aussicht für diese kurze aber
einzigartige Zeit ...

Liebe leben und lieben in Klarheit
mit Dir und deinem
Lieblingsmenschen, dann kann es

weitergehen in Richtung
Horizont!

Erhebe den Blick und du wirst
erkennen, dass der Himmel oft
blau und in der Sonne erstrahlt!

Ich wünsche dir viel Klarheit -
viele Sonnenaufgänge und viele
schöne Sonnenuntergänge mit Dir
und mit dem was du dir schönes
erschaffen hast ...

Ganz Klar!!

*„Werde zuerst dir Klar, was
du willst und arbeite ganz
klar an deinem Ziel"! <u>GANZ
KLAR</u>*

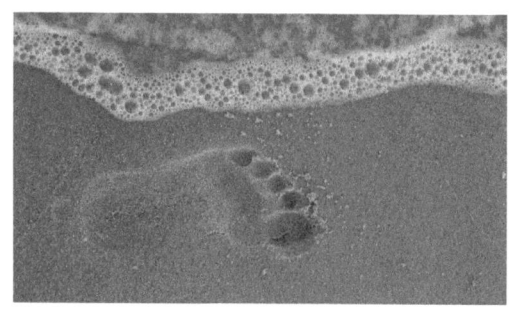

Bleib bei dir und deinem Herz - Gefühlen; deine Seele spricht immer die Wahrheit!

Liebe Dich und Liebe Mich

Mach dich auf deinen
Weg, damit ein klares
Fließen miteinander
in liebevoller
Verbundenheit gelebt
& geliebt wird

Altes darf nun gehen und liebevoll verabschiedet werden!

Alte Glaubensätze -
Alte, verbrauchte Wert-Vorstellungen, damit

NEUES KLARES WERT-VOLLES

kommen kann♥

Wahrheit liegt in der Wirklichkeit dessen, was ist und nicht das was du denkst oder dir wünscht

Love deine Claire

Erforsche Dich und deine Gefühle und lass diese für Dich, deine Wünsche & Bedürfnisse wahr werden

**Folge endlich deinem
Ruf der Seele im
Herzen**
Herzensruf!

Liebe Dich!

**Lass endlich deine
innere Wirklichkeit im
Außen wahr werden♥
Liebe Dich!!**
♥ ♥ ♥

Ich öffne mich und
meine Arme für Alle
Möglichkeiten, die mir
das Universum zur
Verfügung stellt &
empfange voller Güte
& Liebe♥

Meine geliebte Seele!

Meine geliebte Seele, wie schön du doch bist ... "frei" - ich habe dich nach langem Suchen endlich wieder gefunden!
Lange waren wir getrennt und doch nicht wirklich von einander gelöst, denn wir sind AllZeit liebevoll verbunden im Schwur uns niemals aus den SeelenLeben zu verlieren♥

FREI!

Viele Begegnungen fanden bereits in den vielen Leben statt und haben UNS lernen & lieben lassen!

FREI!

Es ist uns bewusst und wird von mal zu mal immer Bewusster in unseren SeelenBegegnungen, was wir damals - heute und immer wieder UNS versprochen haben♥

Wenn die Seele liebt, gibt es kein zurück mehr! ...

Weiter Entwicklung auf einer weiteren "Ebene der Liebe" ist uns gewiss mit jedem weiteren Treffen in einem neuen Leben.

Bewusst - Seiens - Erweiterung!

Es ist gewünscht und wenn es nicht jetzt, doch ist es bestimmt, dass wir als DualSeelen zusammen in ein Einz Werdung übergehen, um weiter im Ursprung unserer Seelen als Verbindung zu einer Seele werden.

Liebe

Liebe die bewusst die Seelen
getrennt hat, um viele Eindrücke -
Leben - Universen - Galaxien im
"All - Ein - Sein" erforschen und
erfahren zu können ... so viel wie
möglich, damit ein
"EinzWerden" wieder in sich
wie eh & je vollkommen *Voll
kommen zu SEIN*♥

Bewusst

Bewusst und im Dialog als Dual
zum Einz

Das Wissen um diese
Seelenverschmelzung immer
gewahr und wahr - vollkommen -
Offenbart!

Ein Blick

Ein Blick, der sofort erkannt ...
hat, dass du die Seele, meine
Seele bist, wie ich, diese Seele im

EinzSein bist und als WIR zusammengehört, was auch, wenn es für viele Leben getrennt, wieder und wieder ineinander fließt und so ein "Ganzes" immer und immer wieder ergibt!

Ein Blick so tief - sofort erkannt!!

Fluss im Kreislauf der unendlichen Weiten 🩶

"Ich liebe DICH & Ich liebe MICH"

VERSCHMELZUNG♥!

Vom Einz zum Ich und zum Du, um wieder ein WIR im EinSein zu SEIN♥

Voller Freude – Voller Glück – EINZ♥

Danke! für die Begegnung mit Dir; die Herausforderungen mit Dir, dass Wachstum mit Dir und der Liebe, die ich dadurch erfahren darf!

Das macht mich so unendlich glücklich …

SeelenFreude pur

Ich öffne mich und
meine Arme für Alle
Möglichkeiten, die mir
das Universum zur
Verfügung stellt &
empfange voller Güte
& Liebe♥

JA DU! Ja, du bist
meine SeelenLiebe♥
Mein Kopf sagt JA zum
Gefühl und nimmt es
nun endlich ganz klar
an♥
I Love you!!

Zeit & Geduld, damit
es gut wachsen kann,
um dann in eine klare
Einheit gehen zu
können 🤍

Traue! deinem Gefühl

🤍 30 🤍 Wachstum
🤍

Ich öffne mich jetzt
und Allzeit für all das
Gute was nun
kommen mag!

Ich bin ein Glücksmagnet♥

21 – die Welt im Tarot

Gehe in den beschwingten Tanz mit dir und deiner Welt und lass Alles um dich herum fließen.

Tanze!!

Vergangenheit – Gegenwart – Zukunft

In der RunenLehre ist das X - Rad des Schicksal also die Zehn - 10!

11 - Dein inneres Wissen trägt dich durch Raum & Zeit

2 - Alles ist im Miteinander immer verbunden; es gibt keine Trennung!

10:10

Es gibt kein Ende und keinen Anfang - Alles schwingt im ewigen Kreislauf des Seins - der Seele - des Göttlichem♥ Spiegel♥

Vergangenheit – Gegenwart – Zukunft

21, 22 ...23!

1+2=3

Es zeigen sich die wahren Werte
im gemeinsamen Sinnen nach
Glück!
Was ist wirklich wichtig?

Was macht UNS (2 +1) wirklich
aus?

Wo finden WIR (1+2) immer
wieder einen gemeinsamen
Nenner!

Zwei - Miteinander im Eins sein
Eins - Eins sein im Miteinander

"Liebevolle Verbundenheit" und
eine gute Zeit durch

Licht & Liebe

Im EINz sEIN

Raus aus alten
Glaubensätzen; sich in
seiner Liebe spüren
und lieben trägt jetzt
Dich zu deiner Freiheit
im Sein 🩶

Müssen = Los lassen
Lieben = Eigenwert
erkennen dürfen 🩶

Aus Zwei mach Einz

Ich + Du =WIR!

Ein magischer Tag voller Überraschungen in der 21!

Singe und Tanze dich frei und sei so neugierig wie dein inneres Kind♥ Spiele♥

Weißt du dein Gegenüber wirklich zu schätzen?

Was gefällt dir an Ihm - Wo ist es bei dir zu finden?

Glück-Licht-Sein♥

Was gefällt dir ???

Masken fallen lassen - Herzöffnung - Kopf möchte Aktiv sich durch Handlung Klarheit & Licht ♥ zeigen ♥ Jetzt!

Miss You - Wo bist Du
- Zeichen bewirken

Wunder♥
Werde Aktiv!
KLARHEIT♥

Sei Du geliebte Seele
nun mein
Wegbegleiter in dieser
LebensZeit - Unserer
Zeit♥

Gefühlswelten leben!!

Sensibilität und Intuition müssen,
egal ob im männlichen oder
weiblichen Prinzip voll & ganz
ausgelebt werden!
Wir sind Alle gleich voller
Liebe♥

Wenn nicht jetzt, wann dann!

Auf was warten wir eigentlich
überhaupt noch ...

*Dass der Mann auffordert nach
altem Prinzip und die Frau
wartet bis sie schwarz wird* 😉

Wir vergeuden unsere Zeit ?

Auch ist ein Rückzug wichtig, um
jeder für sich seine Gedanken &
Gefühle zu klären!!

Wichtig ist, dass wir dann uns
wieder unseren Gefühlwelten
öffnen und uns voller Liebe und
Verständnis dem anderen
gegenüber öffnen.

Ohne, das wir eine bestimmte
Reaktion erwarten und ohne
Verurteilung ... warum hast du
dies und das nicht ...

Wir Alle sind verletzliche
feinsensible, hochgefühlvolle
manchmal verschreckte und
schüchterne Wesen und viel
wichtiger ist doch, dass wir lieben
- Liebe und Verständnis geben
und uns immer wieder für den
Moment öffnen und uns
überraschen lassen was *"wohl"*
kommen mag!

Annehmen und diese Momente
"wertschätzen" egal, was dabei
raus kommt.

Liebe kann nicht anders ... es ist einfach so; immer und immer wieder aufs **NEUE** erfahren wollen.

Nichts wegschieben - verurteilen - anmaßen - verbieten; sich einschränken ...

Offen Sein!

Ich darf nicht und ich muss doch ...

NEIN!

Sicherlich gibt es Grenzen und die müssen auch liebevoll gewahrt werden aber wenn die Seele liebt, wird es seinen Grund haben und dann wird es wohl in diese Richtung langfristig gehen ...

Klärungsbedarf einläuten!

Auch wenn dies Schmerz -
Verzweiflung - Scheidung - Entwicklung bedeutet!

Aktiv werden!

**"Wenn die Seele liebt, gibt
es kein zurück mehr"**

Gefühle

Herzensruf

Seelenruf♥

Es ist nun Zeit, diese Gefühle
anzunehmen, zu klären und zu
leben!!

Brief – Anruf – Gedichte
schreiben – Treffen –
Spazierengehen – Lächeln –
Signale setzen …

Was auch immer, du geliebte
Seele – Liebe!

**Es wird Alles seinen rechten
Gang gehen oder in richtiger
Drehung fließen, denn die Liebe
bahnt sich seinen Weg - so oder
so!**

Über kurz oder lang IMMER!!

22

Love & Light & Joy
In liebevoller Verbundenheit
Deine Clarissa M. S.

EGO & ÄNGSTE!

Lösen

Sich aus den Ketten befreien;
raus aus Abhängigkeiten & die
Liebe leben -

Erhebe dein Schwert durch den
Verstand; lebe die Liebe aus
ganzem Herzen♥

Halte den Kelch der
Erkenntnis!
Trinke daraus♥

Neues will wachsen und
gedeihen ...

Öffne dich für neue
Erfahrungen ...

Wunder stehen vor deiner Tür;
öffne sie nun

**Du hälst deinen Schlüssel
bereits in der Hand!**

Reichtum auf Allen Ebenen♥

Glück-Licht-Sein♥

23-Miteinander wachsen durch GefühlsKlärung - offen - trauen - lieben - leben! Achtsam & wertschätzend blicke ich in deine Augen♥

Wahrheit kann Brutal
sein, denn es zeigt
einen oftmals ganz
klar die
Abhängigkeiten auf!
Was macht dich
wirklich glücklich♥
Traue

Sei ehrlich zu Dir; folge
deinem Ruf im Herzen &
stelle dich deinen
Ängsten &
Abhängigkeiten! Klar bist
DU stark & es wert!
LOVE♥

Folge deinem Stern;
dreht dich nicht weg
von deinen
Emotionen & Ängste,
den tiefen Gefühlen!
Gehe deinen Weg-ich
begleite Dich♥

Zwei - Miteinander
Drei - Wachsen
Fünf - HOCH-ZEIT
dadurch einläuten♥

Botschaft eines wundervollen, als liebender Engel Gabriel♥; als Liebesengel gesandt!

Folge dem Stern in dir!!

Erzengel Gabriel möchte dich nun für einige Zeit begleiten!

Damals wie heute wurde und wird er zu UNS auf ERDEN gesandt, um uns das LICHT zu bringen; den STERN!!

Licht & Liebe als Leitstern für ein friedvolles Miteinander, ein zu einander und in ein ander fließen lassen♥

Ob es die Liebe zu sich - der Partnerschaft den Menschen in seinem Wohl auf Erden mit der Natur in Frieden verbunden zu sein!

Im Gleichgewicht♥

Sei du der Stern, den auch DU in
der Welt sehen möchtest und
Folge dem Ruf der
Barmherzigkeit♥

Wunder geschehen, wie das
„JesuKindlein", dass uns als
„Stern zur Liebe & Frieden"
gedient hat und weiterhin im
festen Glauben an die Menschheit
dient.

Sei du der Stern, der hier & jetzt
leuchtet und einen guten Weg
bereitet.

Sei du der Stern, der Mitgefühl -
Nächstenliebe - Achtsamkeit und
Respekt in deinen Wirkungskreis
hinaus strahlt und somit die
Energie der höchsten Ebene raus
schwingt.

Verbinde dich mit deinem inneren Wissen; deinem Dialog mit deiner Seele ...

Ja, ich liebe Dich!

...Alles fließt und löst sich in Leichtigkeit und Alles was göttlich zusammen gehört, wird göttlich "jetzt" zusammen geführt♥

Ich bin in Gedanken und in meiner Energie bei Dir und sende Dir, meine geliebte Seelenliebe all meine "Liebe & Licht"🩶 Jetzt♥

9:05 Uhr am 05.09.2017!
24/6

Durch die Stabilität in der Vier im ZweiSein die wahre Liebe der Sechs empfinden und endlich verstehen können♥ SeelenLiebe!!

Geliebte SeelenLiebe
mein, ich bin bei dir
und halte & begleite
dich voller Zärtlichkeit
in meinen Armen♥
ganz lieb & ganz fest♥

Herrsching am Ammersee
Abendstimmung am 04.09.17

Heutige Tagesbotschaft zum einzigartigen Vollmond am 06 September 2017

Ob Vollmond – Neumond …

"Wunder geschehen; lass dich fließen & überraschen, was so Alles kommen mag"

In Hinblick auf die vielen aneinander gereihten Portaltage ein herrliches Zusammenspiel zwischen dem göttlichen & den weltlichen Kräften der Liebe!

Bitte achtet auf eure Träume - Visionen - Ent-Scheidungen und was nun endlich folgen kann und wird♥

*Breite deine Arme aus und öffne
dein Herz-Chakra ganz weit!*

**Atme tief ein und aus und
spreche oder denke es dir.**

*Alles ist gut angelegt in meiner
Welt; Ich bin ... ein ... eine ...*

**"Glücks-Magnet"
"Erfolg-Reich"
"Weiße"
"Seele"
"Liebe"
"liebevolle Mutter"
"liebevoller Vater"
"liebevoller Mensch"
"liebevolles Wesen"
"liebevolle Seele"**

Finde deine persönliche
"Weisheit" und Lehre und Lebe
diese aus ganzem Herzen; jeden
Tag aufs NEUE - BEWUSST♥

LOVE & LIGHT
Eure liebende Claire

25 / 7

In der geistigen
Anbindung zwischen
Himmel & Erde nicht
nur den Sprung
wagen, sondern den
spirituellen Fluss
somit wahren
können♥

Zwei Sein im Miteinander

Oben wie unten!

Fünf in der geistigen Anbindung sich vollkommen können.

In der ***Sieben*** die spirituelle Kraft den Mut und die Aktion haben sich mit all dem zu vereinen und sich voller Kraft auf den Weg begeben!!Voller Bewusst-Sein den Wagen lenken; die Sterne begleiten dich wohl. Genug spirituelle Weisheit gesammelt, um dies nun im tiefen Glauben zu Lehren & zu Leben!!

Sei dir deiner Power bewusst, du schaffst das mit all deinen göttlichen Begleitern zum Sinne Aller sehr wohl.

Heute ganz besonders die "Kraft der Liebe" einverleiben und aussenden!

"Meditation"

"Herzbewegung pur"

"Eruption"

"Vollmond als Kraft für die HerzensLiebe & SeelenLiebe"

.... "Liebe & Licht" senden ...

Mit wem fühlst du dich verbunden und wo gibt es noch Wut - Reue - Vergebung einzuläuten!!

Tue es heute im vollen "Bewusst-Sein der Liebe"; es kommt definitiv an ....

Probiere es in deinem Herzen aus ...

Ich sende xx meine aufrichtige und liebevolle HerzensLiebe; ich fühle mich so mit dir in der SeelenLiebe verbunden!

"Ich LIEBE Dich"

Öffne Dich liebes Wesen - Liebste Seele♥

Deine dich liebende Claire

Die gute Gans

Die gute Gans zeigt sich immer
von der Verlässlichen Seite!

Sie wünscht sich immer das Gute
und ist ein ganz verbindliches
Wesen.

Voller Loyalität - Treue -
Traditionen und im ganz
besonderen Verbund des
Glaubens!

Glauben ist wichtig um
zielgerecht seinen Weg im Trauen
gehen zu können.

Ein guter Rat-Geber und eine
Seele voller "Ich bin für dich da"

Verbindlichkeiten sind
Selbstverständlich und auch die
Verpflichtungen werden sehr sehr
ernst genommen!

Wenn die Gans deinen Weg
kreuzt, dann kannst du immer
auch auf gute Freunde hoffen, die
in der Not bei dir sind und dir
unter die Arme greifen.

Zuverlässigkeit sind wichtige
Worte, die auch immer in die Tat
umgesetzt werden …

Auf die Gans kannst du stabil
bauen.

Ein Mensch - Ein Wesen - Eine
Seele die dir Treu ist!

Es liebt aus ganzem Herzen!!

Die Gans ist ein Botschafter des
Glücks und schenkt dir den tiefen
- wahren Blick, damit du das
Sehen kannst, was wirklich Sache
/ Tat-Sache ist.

Dein Blind-Sein endet mit der
Gans und bringt dich auf deinen
lichtvollen Weg und zeigt dir den
wahren glücklichen - heilsamen
WEG.

Deinen neuen WEG!!

Gehe ihn im Ver-Trauen und in
der Gewissheit, dass wirklich
Alles genau so richtig ist.

Der Blinde kann nun wieder
sehen und der Lahme kann wieder
gehen!!

Die Wahrheit bringt dir die
Offenbarung!

"Siehe da, ich komme bald"!!

(Offenbarung 22,7)

Es ist wie es ist, sagt die LIEBE.

Klarheit und Wahrheit durch
Klarheit sind jetzt da und zeigen
dir deinen WEG!!

Lebe & Liebe glücklich

Deine Dich liebende Claire

*Der Weg ist das Ziel! – Konfuzius**

DREI in der SECHS

12:12

Gehe heute in deine Kraft mit dem Magier in dir; nimm deine Visionen in die Hand und wachse voller Liebe 💜 Licht

13:03 Uhr - Wachstum schlägst mit all der Kraft des Wissenden durch; eine "Er-Leuchtung" findet jetzt grad statt!!

33 darf ich grad überweisen - witzig! "All-Drei-Sein eines Erdenengels" kommt auf den Markt! Wachstum in Liebe pur

Seelentiefe möchte
genährt werden; aktiv
in Emotionen, was am
Herzen liegt nun
fließen
Herzensantrieb;
schöpfe Weisheit

Es ist göttlich
bestimmt, dass wir
Lieben und unsere
Liebe auch körperlich
zum Ausdruck voller
Achtsamkeit♥
Wertschätzung
bringen

Es ist Alles im Einklag
mit der Schöpfung!
🩶 Fluss - Mediale
Acht - Sein♥

"Geben & Nehmen"

Was kannst Du tun, damit es dir besser geht! Innenschau liefert Erkenntnis, um einen Schritt weiter zu gehen♥
Folge deinem Ruf♥

♥

NEUN

Innenschau wie der Eremit, der sein inneres zum Leuchten bringt.

"Ich bleibe mir treu"

Zwei - Nur wer Innen klar ist, kann nach Außen strahlen und

"JA" sagen!

Acht - Ich habe die Kraft, Nein zu sagen oder zu gehen!

"Liebe ist die höchste Kraft, also warum noch zweifeln" ...

Hast du wirklich noch Fragen, dann kläre diese offen und ehrlich mit dir und deinem Gegenüber ♥
Zwei dich sich lieben!

Ja, ich & meine Seele lieben Dich!!

Die männliche Kraft!

Alles was heute zusammen wirkt,
wird sich zum höchsten Aller
Beteiligten aus-wirken; eine neue
Richtung & 🖤
HerzensBotschaften folgen!

Zwei - 20

Zusammen wirken von hohen
Energien - Wesen - Licht - Liebe!

Null -

Verstärker von diesen hohen
Energien die sich stark zeigen
wollen und müssen, da es an der
Zeit ist nun das höchste
Wachstum voran zu treiben, um
die Ernte im September einholen
zu können!!

Unser Ur-Vater zeigt uns
nochmals unsere innere

männliche Kraft auf, um in die eigene Kraft gehen zu können!

Du bist immer ein liebevolles und lichtvolles Wesen, finde deine Kraft und dein Licht in dir; komplettiere dich mit all deinen verloren gegangenen Seelenanteile ...

Was wurde dir durch Prägung in der Erziehung in deiner Familie genommen oder auch an Stärke gegeben!?

Nutze dein Licht und setze deine männliche Kraft ein ...

Entscheide dich zum Wohle Aller Beteiligten und vor allem zu deinem Wohl♥

Welche Ent-Scheidungen dürfen heute in deiner männlichen Kraft getroffen und in die Umsetzung gehen ...

Was wolltest du schon lange mal aus sprechen ...

Welche Bedürfnisse hast du so lange zwecks der Harmonie Aller (außer deiner Wünsche & Bedürfnisse) unterdrückt ...

Was ist nun dein Herzensruf ... Was wünscht sich dein *SeelenHeil ...Nur wenn es dir gut geht*, kann es gerade auch in Familien den Kindern gut gehen, sonst erhalten sie all den negativen Ballast, den einst auch du ausgesetzt warst und dich dein Leben lang begleitet!

Er-lösen♥
Lassen♥
Fluss♥

♥

Ur-Mutter in der 21 Die Welt!

Was möchte jetzt ins großartige Wachstum kommen; was möchte gebärt werden!
Wenn sich die Ur-Kraft der Mutter am 11.09.2017 zeigt und das jetzt im September wo sich die Welt in all Ihrer Farbenpracht zeigt, dann möchte sie, dass du wächst und gedeihst und das jetzt!!

Die Qualität der Ur-Mutter ist ihr weibliches Handeln in all Ihrer Güte - Zuversicht - Ver-trauen schenken und liebevoll mit sich im Kontakt zu sein.

Pflege deine Stärken wie deine:

LIEBE!

Herzensruf
Herzenstakt
SeelenHeil
Seelenweisheiten in Dir
Herzensweisheiten in Dir

Weichheit in Dir
Größzügigkeit
Verständnisvoll sein
Sich um das Wohl im Heim
Das Feuer am Herz schüren
Gemeinsamkeiten und
überhaupt das Wohl in sich
und der Gemeinschaft
pflegen und schützen, sind
großartige Eigenschaften
der weiblichen Kraft!

Der Ur-Kraft der Ur-
Mutter der Welt♥

Mutter Erde sorgt für das Wohl
durch Wachstum in all Ihrer
Pracht ... schütze und pflege,
damit es immer wieder wachsen
und gedeihen kann.

Achte auf diese weibliche Kraft in
der all die Liebe keimt und als
wahre höchste Kraft sich zeigt,
wenn es die Freiheit des Lebens
in sich lässt.

Freiraum - Platz, damit Entfaltung stattfinden kann!

Erschaffe dir diese Möglichkeiten
durch Entfaltung der weiblichen
Kraft und ernte, was du an
"Liebe" gesät hast.

Nähre - Pflege - wachse - gedeihe
und leite die Wunder-volle
Geburt - Neu-Geburt ein!

Jetzt bist Du bereit wirklich zu leben!

Atme und kräftige deine Lungen, damit Du immer wieder sauberen Sauerstoff ein- und ausatmen kannst.

Pflege deine Welt, damit sie immer Grün wehrt und fortschreiten kann und das mit viel Liebe ♥

"Ich liebe mICH

&

Ich liebe dICH"

Deine dich liebende Claire

Herstellung und Verlag:
BoD - Books on Demand, Norderstedt
ISBN 978-3-7460-3791-2